EDMUND BRANDT

Die Bedeutung parlamentarischer Vertrauensregelungen

Schriften zum Öffentlichen Recht

Band 396

Die Bedeutung parlamentarischer Vertrauensregelungen

Dargestellt am Beispiel von Art. 54 WRV und Art. 67, 68 GG

Von

Dr. Edmund Brandt

DUNCKER & HUMBLOT / BERLIN

Meiner Mutter

Vorwort

Als Reaktion auf die Instabilität der Reichsregierungen in der Weimarer Republik ist mit den Art. 67, 68 GG der Versuch unternommen worden, die Stellung der Regierung zu stärken und sie vor „negativen" Mehrheiten im Parlament zu schützen. Die Auseinandersetzungen darüber, ob sich diese verfassungsrechtliche Neuschöpfung bewährt hat, dauern bis heute an. Dabei fällt auf, daß wesentliche Aspekte vielfach nur unzureichend ermittelt worden oder für die verfassungspolitische Einschätzung folgenlos geblieben sind. Das gilt namentlich für den Einfluß von Art. 54 WRV auf das häufige Scheitern der Reichsregierungen in der Weimarer Republik und für die Wirkungsweise der Art. 67, 68 GG in der politischen Praxis der Bundesrepublik.

Diese Arbeit versucht einen Beitrag zur Klärung der damit verbundenen Fragen zu liefern. Sie greift Überlegungen aus meiner Dissertation „Vertrauenserfordernis, Mißtrauensvotum und parlamentarisches Regierungssystem" auf und führt sie vor dem Hintergrund des sich verschärfenden Problems weiter, in welchem Maße das parlamentarische Regierungssystem in der Lage ist, angesichts sich ändernder politischer Konstellationen den daraus resultierenden Anforderungen gerecht zu werden.

Für Anregungen und konstruktive Kritik danke ich Herrn Prof. Dr. Bernd Günter, Karlsruhe, Herrn Prof. Dr. Christoph Müller, Berlin, Herrn Regierungsdirektor Dr. Volkhard Riechmann, Düsseldorf, und nicht zuletzt meiner Frau.

Berlin, im Mai 1981

Edmund Brandt

Inhaltsverzeichnis

Einführung   15

I. Problembestimmung und Gang der Arbeit 15

    1. Anforderungen an das parlamentarische Regierungssystem 16

    2. Methodische Überlegungen und Gang der Arbeit 19

II. Bedeutung und Durchsetzung des Vertrauenserfordernisses 21

    1. Der Inhalt des Vertrauenserfordernisses 21

    2. Die Durchsetzung des Regierungssturzes und die Bedeutung verfassungsrechtlicher Regelungen 23

1. Teil

Inhalt und Wirkungsweise von Art. 54 WRV   25

I. Die doppelte Abhängigkeit der Reichsregierungen nach der Weimarer Reichsverfassung 25

II. Das Vertrauenserfordernis gemäß Art. 54 WRV 26

    1. Die Normierung des Vertrauensprinzips in Art. 54 Satz 1 WRV .. 26

    2. Der Mißtrauensbeschluß gemäß Art. 54 Satz 2 WRV 26

III. Art. 54 WRV in der politischen Praxis der Weimarer Zeit 28

    1. Vertrauensanträge 30

    2. Mißtrauensanträge 30

    3. Das Wirksamwerden von Art. 54 WRV bei der Demission der Reichsregierungen in der Weimarer Republik 34

    4. Die Bedeutung von Art. 54 WRV bei der Demission der Regierungen Stresemann II, Luther II und Marx III 37

      a) Stresemann II 37

      b) Luther II 38

c) Marx III 40

d) Ergebnis 41

5. Strukturelle Mängel in der Weimarer Reichsverfassung 42

a) Die Stellung des Reichspräsidenten 43

b) Die Stellung der Parteien 46

c) Das Wahlsystem 47

6. Ergebnis 48

2. Teil

Art. 67, 68 GG im Regierungssystem
der Bundesrepublik

50

I. Die Grundkonzeption des Parlamentarischen Rates 51

II. Die Ausgestaltung des Vertrauensprinzips im Grundgesetz 52

1. Keine ausdrückliche Normierung des Vertrauensprinzips 52

2. Die Wahl des Bundeskanzlers gemäß Art. 63 GG 53

3. Der Zusammentritt des neuen Bundestages gemäß Art. 69 Abs. 2 GG 53

4. Das Mißtrauensvotum gemäß Art. 67 GG 54

a) Die Antragstellung 54

b) Anforderungen an das Zustandekommen des Mißtrauensvotums 55

c) Die Folgen eines Mißtrauensvotums 55

5. Vertrauensvotum und Auflösung des Bundestages gemäß Art. 68 GG 56

a) Die Antragstellung 56

b) Die Folgen einer Abstimmung über die Vertrauensfrage 56

6. Das Vertrauenserfordernis im Verteidigungsfall 57

III. Die Wirkungsweise der Art. 67, 68 GG in der politischen Praxis der Bundesrepublik 58

1. Literarische Stellungnahmen 59

2. Die parlamentarische Praxis seit 1949 62

3. Die Regierungskrisen von 1966 und 1972 65

a) 1966 65

b) 1972 68

4. Ergebnis 71

3. Teil

**Folgerungen für die Auslegung
der Art. 67, 68 GG**   74

I. Die Zulässigkeit einfacher Mißbilligungsbeschlüsse 75

1. Mißbilligungsbeschlüsse gegen den Bundeskanzler 77
2. Mißbilligungsbeschlüsse gegen einzelne Bundesminister 78
3. Einfache Mißbilligungsbeschlüsse gegen die Bundesregierung insgesamt 80
4. Die Streichung des Ministergehalts aus dem Haushaltsplan 80
5. Das Ersuchen an den Bundeskanzler, dem Bundespräsidenten die Entlassung eines bestimmten Ministers vorzuschlagen 80

II. Weitere Streitfragen im Zusammenhang mit Art. 67 GG 81

1. Die Folgen für das Verfahren nach Art. 67 GG, wenn der Bundeskanzler zurücktritt 81
2. Die Zulässigkeit einer Aussprache über den Antrag nach Art. 67 Abs. 1 GG 82
3. Die Verpflichtung des Bundespräsidenten zur Einhaltung einer bestimmten Frist bei der Entlassung des alten und Ernennung des neuen Bundeskanzlers 83
4. Die Zulässigkeit eines Mißtrauensvotums gegen den geschäftsführenden Bundeskanzler 83

III. Streitfragen im Zusammenhang mit Art. 68 GG 85

1. Die Zulässigkeit von Vertrauensfrage-Ersuchen 85
2. Die Verbindung der Vertrauensfrage mit einer Gesetzesvorlage 87
3. Die Zulässigkeit der Spaltung des Abstimmungsergebnisses bei der Verbindung der Vertrauensfrage mit einer Gesetzesvorlage 89
4. Konsequenzen für den Vertrauensantrag, wenn der Bundestag darüber nicht abstimmt 91
5. Die Befugnisse des Bundespräsidenten nach der Ablehnung der Vertrauensfrage 91

Quellenverzeichnis   95

Literaturverzeichnis   96

Abkürzungsverzeichnis

AöR	=	Archiv des öffentlichen Rechts
BA	=	Bundesarchiv
BayVBl.	=	Bayerische Verwaltungsblätter
BGBl.	=	Bundesgesetzblatt
BVerfG	=	Bundesverfassungsgericht
BVerfGE	=	Bundesverfassungsgericht-Entscheidungssammlung
BVGG	=	Gesetz über das Bundesverfassungsgericht in der Fassung der Bekanntmachung vom 3. 2. 1971, BGBl. I, S. 105
BVP	=	Bayerische Volkspartei
CDU	=	Christlich-Demokratische Union
CSU	=	Christlich-Soziale Union
DDP	=	Deutsche Demokratische Partei
DJT	=	Deutscher Juristentag
DJZ	=	Deutsche Juristenzeitung
DNVP	=	Deutschnationale Volkspartei
DÖV	=	Die Öffentliche Verwaltung
DP	=	Deutsche Partei
DRZ	=	Deutsche Rechts-Zeitschrift
DV	=	Deutsche Verwaltung
DVBl.	=	Deutsches Verwaltungsblatt
DVP	=	Deutsche Volkspartei
FDP	=	Freie Demokratische Partei
GeschOBT	=	Geschäftsordnung des Deutschen Bundestages
GeschORT	=	Geschäftsordnung des Reichstages
GG	=	Grundgesetz für die Bundesrepublik Deutschland vom 23. 5. 1949, BGBl. S. 1
HCHE	=	Entwurf des Verfassungskonvents auf Herrenchiemsee
HdBStR	=	Handbuch des Deutschen Staatsrechts
JA	=	Juristische Arbeitsblätter
JöR	=	Jahrbuch des öffentlichen Rechts der Gegenwart
JR	=	Juristische Rundschau

JuS	=	Juristische Schulung
JW	=	Juristische Wochenschrift
JZ	=	Juristenzeitung
KPD	=	Kommunistische Partei Deutschlands
LDP	=	Liberal-Demokratische Partei
MDR	=	Monatsschrift für Deutsches Recht
NJW	=	Neue Juristische Wochenschrift
NPL	=	Neue Politische Literatur
NS	=	Nationalsozialisten, nationalsozialistisch
NSDAP	=	Nationalsozialistische Deutsche Arbeiterpartei
PartG	=	Gesetz über die politischen Parteien (Parteiengesetz) vom 24. 7. 1967, BGBl. I, S. 773
PVS	=	Politische Vierteljahresschrift
RegBl.	=	Regierungsblatt
RiA	=	Das Recht im Amt
RV	=	Reichsverfassung
SchwJZ	=	Schweizerische Juristenzeitung
SJZ	=	Süddeutsche Juristenzeitung
StenoBer.	=	Stenographischer Bericht
StGB	=	Strafgesetzbuch in der Fassung der Bekanntmachung vom 2. 1. 1975, BGBl. I, S. 1
USPD	=	Unabhängige Sozialdemokratische Partei Deutschlands
VfZG	=	Vierteljahreshefte für Zeitgeschichte
VVdStRL	=	Veröffentlichungen der Vereinigung der Deutschen Staatsrechtslehrer
Wp.	=	Wahlperiode
WRV	=	Verfassung des Deutschen Reichs (Weimarer Reichsverfassung) vom 11. 8. 1919, Reichsgesetzblatt 1919, S. 1383
ZfP	=	Zeitschrift für Politik
ZöR	=	Zeitschrift für öffentliches Recht
ZParl	=	Zeitschrift für Parlamentsfragen
ZRP	=	Zeitschrift für Rechtspolitik
ZSchwR	=	Zeitschrift für Schweizerisches Recht
ZStW	=	Zeitschrift für die gesamte Staatswissenschaft

Einführung

I. Problembestimmung und Gang der Arbeit

Die Frage, ob die westlichen Staaten überhaupt noch regierbar sind, ist in den letzten Jahren zu einem der zentralen Themen politischer und wissenschaftlicher Diskussionen geworden.[1] Ausgehend von der Beobachtung, daß der Staat mit einer ständig zunehmenden Zahl von Aufgaben belastet wird, richtet sich das Interesse nicht zuletzt darauf, wie das parlamentarische Regierungssystem auf diese Anforderungen reagiert. Isensee[2] fragt sogar ausdrücklich, ob das System der parlamentarischen Demokratie, wie es das Grundgesetz vorsieht, den Aufgaben der Gegenwart gewachsen sei. Aus mehreren Gründen können daran in der Tat Zweifel bestehen.

Der hohe Grad gesellschaftlicher Differenzierung, die Zunahme von gegenseitigen Abhängigkeiten, das Angewiesensein auf externe Intervention haben dazu geführt, daß staatliche Instanzen sich nicht mehr im wesentlichen darauf beschränken, Ordnungsfunktionen wahrzunehmen, sondern in vielfältiger Weise in immer neuen Bereichen tätig werden, diese gestalten und darin Verantwortung übernehmen. Die zunehmende Komplexität der lösungsbedingten Probleme läßt es fraglich erscheinen, ob das traditionelle parlamentarische Regelungsinstrument, das abstrakt-generelle Gesetz, als Steuerungsmittel noch ausreicht. Das Parlament stößt an die Grenzen seiner Leistungsfähigkeit; es entstehen neuartige bürokratische Organisationen, die die parlamentarische Willensbildung zu unterlaufen drohen.[3]

---

[1] Aus der Literatur zu diesem Thema seien genannt: *Leisner*, Demokratie, 1979; *Kielmannsegg*, Nachdenken über die Demokratie, 1980; Der überforderte schwache Staat, 1979; Überforderte Demokratie? 1978; Regierbarkeit, Band 1, 1977, und Band 2, 1979; *Sontheimer*, Ist unsere Demokratie überfordert?, in: Aus Politik und Zeitgeschichte 50/1977, S. 3 ff.; Zur Regierbarkeit der parlamentarischen Demokratie, 1979; *Noack*, Ist die Demokratie noch regierbar?, 1980. Kommentierend *Offe*, „Unregierbarkeit", in: Stichworte zur ‚Geistigen Situation der Zeit'. 1. Band, 1979, S. 294 ff. Vgl. auch die systematische Durchdringung des Problemkreises bei *Lehner*, Grenzen des Regierens, 1979.

[2] *Isensee*, Regierbarkeit in einer parlamentarischen Demokratie, in: Zur Regierbarkeit der parlamentarischen Demokratie (FN 1), S. 15 ff. (19).

[3] *Oberreuter*, Kann der Parlamentarismus überleben? 1977, S. 17 ff., nennt drei Tendenzen, die nach seiner Auffassung die Parlamente einem aktuellen

1. Anforderungen an das parlamentarische Regierungssystem

Von dieser Entwicklung ist nicht nur die Gesetzgebungsfunktion des Parlaments betroffen, sondern auch seine Kontrollfunktion:[4] Je weniger das Parlament in der Lage ist, seine Steuerungsleistung zu erbringen, um so mehr wächst die Notwendigkeit, Regierung und Verwaltung zu überwachen, von denen zunehmend die wesentlichen Handlungs- und Steuerungsimpulse ausgehen. Geschieht dies nicht, entsteht die Gefahr, daß gerade das Staatsorgan geschwächt wird, das als einziges unmittelbar demokratisch legitimiert ist und von dem die übrigen Staatsorgane ihre Legitimation ableiten.

Unter diesen Voraussetzungen kommt den Einwirkungsmöglichkeiten, die das Parlament gegenüber Regierung und Verwaltung besitzt, eine wesentliche Bedeutung zu. Ihre Ausgestaltung entscheidet darüber, ob es seine Aufgaben erfolgreich zu erfüllen vermag. Daraus folgt:

1. Die Reduzierung von Einwirkungsmöglichkeiten ist nur dann vertretbar, wenn es besondere Gründe dafür gibt.

2. Die vorhandenen Einwirkungsmöglichkeiten sind ständig daraufhin zu überprüfen, ob sie tatsächlich zur Sicherung bzw. Stärkung der Stellung des Parlaments beitragen können. Ist dies nicht der Fall, müssen neue Handlungsinstrumente geschaffen werden.

Verfolgt man die deutsche Verfassungsentwicklung seit der Weimarer Zeit unter dem Gesichtspunkt, welche Einwirkungsmöglichkeiten auf Regierung und Verwaltung dem Parlament eingeräumt werden, so ergibt sich folgendes Bild:[5]

Problemdruck aussetzen: 1. den Kommunikations- und Partizipationsanspruch spontaner und organisierter Gegenmächte, 2. die wachsende Bedeutung von Sachverstand und Technokratie und damit verbunden den Machtgewinn von Regierung und Verwaltung, 3. den als Folge staatlichen Aufgabenzuwachses zunehmenden Konsensbedarf angesichts labiler Mehrheitsverhältnisse. Vgl. dazu auch *Frey*, Politik vom Geiste der Bürokratie, in: Verwaltung und Planung im Wandel, 1979, S. 17 ff.; *Bücker*, BayVBl. 1980, S. 748 ff.

[4] In Anlehnung an Bagehots klassischer Funktionsaufteilung (*Bagehot*, The English Constitution, 1872) hat es sich eingebürgert, den Parlamenten in den modernen parlamentarischen Regierungssystemen folgende Aufgaben zuzuweisen: 1. die Wahlfunktion (elective function), 2. die Artikulationsfunktion (expressive function), 3. die Initiativfunktion (teaching function), 4. die Kontrolfunktion (informing function) und 5. die Gesetzgebungsfunktion (legislative function). Vgl. dazu auch *Thaysen*, Parlamentarisches Regierungssystem in der Bundesrepublik Deutschland, 1976; *Schneider*, AöR 105 (1980), S. 4 ff.; Variationen und Erweiterungen dieser Funktionsbestimmungen finden sich bei *Widder*, Parlamentarische Strukturen im politischen System, 1979, S. 350 ff.

[5] Vgl. die Zusammenstellung bei *Rausch*, Bundestag und Bundesregierung, 1976, S. 286 ff.; *Friedrich*, DVBl. 1980, S. 505 ff.

— Die Kontrollrechte, mit deren Hilfe das Parlament Einblick in die Regierungs- und Verwaltungstätigkeit nehmen kann, sind im Grundgesetz im Vergleich zur Weimarer Reichsverfassung erweitert und verstärkt worden.

— Bei der Bestellung der Regierung hat sich erst unter dem Grundgesetz eine parlamentarische Lösung insofern durchgesetzt, als der Bundestag den Bundeskanzler wählt. Hierin ist eine beträchtliche Stärkung des Parlaments zu sehen. Allerdings wird nur der Bundeskanzler gewählt, nicht aber die Bundesminister. Diese gelangen ohne Zutun des Bundestages in ihr Amt.

— Im Vergleich zum Reichstag hat der Bundestag viel weniger Möglichkeiten, die Regierung zu stürzen. Mißtrauensvoten gegenüber Bundesministern sind nicht zulässig; der Bundeskanzler kann nur durch die Wahl eines neuen Kanzlers gestürzt werden.

Speziell die dramatische Veränderung der Mißtrauensregelung ist ein „Ergebnis des ‚Traumas‘ der Endphase der Weimarer Republik ...‚, unter dessen Eindruck die Väter des Grundgesetzes zweifellos standen"[6]. Der Parlamentarische Rat wollte mit dieser Regelung häufige Regierungskrisen ausschalten; über eine stabile Regierung sollte die Stabilität des politischen Systems insgesamt erreicht werden.

Innerhalb eines Spektrums möglicher organisatorischer Lösungen wurde damit eine Gewichtsverlagerung zugunsten der Regierung vorgenommen, bei der deren Bestandssicherung eindeutig den Vorrang vor den Eingriffsrechten der Volksvertretung besitzt. Dieser Vorgang wirft mehrere Fragen auf, denen hier nachgegangen werden soll.

— Die nächstliegende ist die, ob das Ziel des Parlamentarischen Rates, gerade mit Hilfe einer stabilen Regierung ein stabiles politisches System zu schaffen, erreicht worden ist.

— Daran schließt sich die Frage nach möglichen Nebenkosten an. Es muß geklärt werden, welche Auswirkungen die Veränderungen auf die Wahrnehmung der Parlamentsfunktionen gehabt haben.

— Aus den Ergebnissen lassen sich möglicherweise Folgerungen für die Auslegung der Art. 67, 68 GG ableiten.[7]

---

[6] *Domes*, Regierungskrisen in Bund und Ländern seit 1949 und die Funktion des konstruktiven Mißtrauensvotums, in: Res Publica, 1977, S. 53 ff. (56).

[7] Nicht untersucht wird, wie in anderen Ländern mit parlamentarischem Regierungssystem verfassungsrechtlich auf Regierungskrisen reagiert wird. Vgl. dazu umfassend *von Beyme*, Die parlamentarischen Regierungssysteme in Europa, 1973, S. 623 ff., und speziell zu Österreich *Widder*, Organisationsprobleme im parlamentarischen Regierungssystem, 1977, S. 80 ff.

Die nachfolgenden Überlegungen zu diesem Problemkomplex orientieren sich nicht an einem Idealtypus organisatorischer Gestaltungsmöglichkeiten, der ohne Rücksicht auf politische Gegebenheiten und die Leistungsfähigkeit von institutionellen Vorkehrungen ausschließlich auf die Stärkung des Parlaments gerichtet ist. Ein Gemeinwesen ist derart komplexen Handlungserfordernissen ausgesetzt, daß Regelungen notwendig sind, auf deren Grundlage es zur Bildung und Erhaltung arbeitsfähiger Regierungen kommen kann. Daß an einer solchen Lösung kein Weg vorbei führt, zeigt ein Blick auf die Versammlungsregierung. Die Regierung ist hier der Versammlung vollständig untergeordnet, sie wird von ihr nach Belieben ein- und abgesetzt. Zahlreiche historische Beispiele[8] haben gezeigt, daß eine „aus vielen Mitgliedern bestehende, von Parteistreitigkeiten und Intrigen durchsetzte souveräne Versammlung technisch nicht zu dem geschlossenen Vorgehen fähig (ist), das bei der Fällung politischer Grundentscheidungen und bei deren Ausführung erforderlich ist. ... Eine Versammlung kann nicht regieren".[9] Versammlungsregierungen haben sich deshalb stets durch Ineffektivität und Labilität ausgezeichnet und waren oft Übergangsphänomene auf dem Weg hin zu autokratischen Regierungen.[10]

Einer Regierung muß ein gewisses Maß an Kohärenz — nach innen und nach außen — zugestanden werden. Innere Kohärenz bedeutet, daß die Regierung in die Lage versetzt wird, geschlossen zu handeln. Dies ist nur möglich, wenn innerhalb der Regierung der Regierungschef Führungsfunktionen wahrnehmen kann. Äußere Kohärenz heißt, daß die Regierung anderen staatlichen Instanzen gegenüber als geschlossenes Gebilde auftreten können und in Konfliktsituationen über eigene Handlungsmöglichkeiten verfügen muß. Wie weit die Machtausstattung der Regierung zu gehen hat, bestimmt sich danach, in welchem Maße sie die Leistungsfähigkeit des parlamentarischen Regierungssystems stärkt oder aber schwächt. Eine Stärkung ist dann anzunehmen, wenn das Systems einerseits stabil, andererseits aber auch flexibel genug ist, um mit den von ihm zur Verfügung gestellten Mechanismen Innovationen durchzuführen. Im Extremfall gehört die Fähigkeit dazu, politische Krisen parlamentarisch aufzufangen und zu verarbeiten. Soweit sich diese Krisen personalisieren, heißt dies auch, daß nicht nur im Zusammenhang und unmittelbar im Anschluß an Wahlen durch ein parlamentarisches Verfahren über die Zusammensetzung der Regierung entschieden wird, sondern u. U. auch während der laufenden Wahlperiode. Das Parlament muß dann über — legale

---

[8] Vgl. dazu *Loewenstein*, Verfassungslehre, 1969, S. 75 ff.

[9] *Loewenstein* (FN 8), S. 79.

[10] Kritisch zum System der Versammlungsregierung auch *Leicht*, Grundgesetz und politische Praxis, 1974, S. 156 f.

und formalisierte — Möglichkeiten verfügen, einzelne Regierungsmitglieder oder auch die gesamte Regierung auszuwechseln, und zwar
gerade auch gegen deren Willen. Die in diesem Zusammenhang sichtbar werdende und Konsequenzen nach sich ziehende Nicht-Stabilität
einer Regierung kann — sofern sich der Vorgang nicht zu oft wiederholt — durchaus ein Beweis für die Funktions- und die Leistungsfähigkeit des Regierungssystems insgesamt sein. Eine Gleichsetzung von
Regierungs- mit Systemstabilität ist deshalb nicht zulässig. Vielmehr
muß im Einzelfall geprüft werden, ob ständige Regierungskrisen und
-stürze einen Umschlag in der Qualität dieser Vorgänge bewirken.
Verfassungsbestimmungen können dabei den politischen Handlungs-
ablauf nicht determinieren, sondern nur den Rahmen und die Verfah-
rensweisen festlegen. Innerhalb dieses Rahmens bleibt es den politischen Akteuren überlassen, wie sie vorgehen wollen. Entscheidend ist,
daß die Vorschriften sich als geeignet erweisen, die politischen Abläufe
in den vorgegebenen Bahnen sich vollziehen zu lassen.[11]

2. Methodische Überlegungen und Gang der Arbeit

In dieser Arbeit soll versucht werden, auf der Grundlage von Parla-
mentsunterlagen, historischen, politischen und rechtlichen Untersuchungen zur Weimarer Republik und zur Bundesrepublik die Funktion von
Art. 54 WRV und von Art. 67, 68 GG zu ermitteln und in dem Zusammenhang die herkömmlichen Auffassungen von der Bedeutung und
Wirkungsweise dieser Verfassungsbestimmungen zu überprüfen. Deshalb wird zum einen gefragt, ob Art. 54 WRV tatsächlich eine dominie-
rende Rolle bei den häufigen Regierungskrisen in der Weimarer Republik gespielt hat und somit letztlich mitverantwortlich für ihr Scheitern
war. Zum anderen wird untersucht, ob Art. 67 GG — im Zusammenwirken mit Art. 68 GG — in der bisherigen Geschichte der Bundesrepublik die Funktion eines konstruktiven Mißtrauensvotums hat erfüllen
können. Das ist dann anzunehmen, wenn über die Sicherung der Regierungsexistenz das Regierungssystem insgesamt stabilisiert wurde und
es keine negativen Nebenfolgen gegeben hat.

Bei einer Untersuchung, wie sie hier vorgenommen wird, ist eine
streng kausalwissenschaftlich angelegte Deduktion nicht möglich: Ein
Erfahrungsschatz, der eine statistisch abgesicherte Beweisführung zu-
ließe, liegt nicht vor und dürfte auch kaum jemals zu bekommen sein.
Und selbst wenn über einen längeren Zeitraum verteiltes historisches
Material vorhanden wäre, ließe sich eine solche Beweisführung nicht

---

[11] Vgl. dazu *Leicht* (FN 10), S. 154. Er sieht die Funktion der Verfassung
darin, die relativ konstanten Rahmenbedingungen zu setzen, unter denen
die politische Auseinandersetzung produktiv und kontrolliert ablaufen soll.

2*

erreichen. Es wären zwangsläufig zu viele Faktoren in ihrer Bedeutung
für den historischen Verlauf zu analysieren. Bei den hier angesprochenen Fragen wären die Schwierigkeiten sogar noch größer, weil geprüft
wird, ob ohne eine bestimmte verfassungsrechtliche Ausgestaltung
der historische Verlauf wesentlich anders gewesen wäre. Daraus folgt,
daß nicht wesentlich mehr getan werden kann, als die theoretischen
Annahmen, die zur Begründung einer Normsetzung oder zur Abwen-
dung von einer Norm angeführt worden sind oder werden, deutlich zu
machen und sie mit Hilfe des vorliegenden historischen Materials auf
ihre Stimmigkeit zu untersuchen. Flankierend kann hier und da über
die Funktionsbestimmung der Verfassungsnormen hinaus positiv ermittelt werden, was als (Haupt-)ursache für ein historisches Ergebnis
anzusehen ist, doch kann dies nur ansatzweise und punktuell geschehen, weil sonst eigenständige neue Studien unumgänglich wären, die
den Rahmen der Arbeit bei weitem sprengen müßten.

Die Einbeziehung von Art. 54 WRV ist notwendig, ohne daß damit
eine eigenständige verfassungsgeschichtliche Fragestellung verbunden
wäre. Mehr als alles andere ist das Grundgesetz in diesem Punkt die
Gegenverfassung zur Weimarer Reichsverfassung, wird die Einschätzung der Bestimmungen des Grundgesetzes geprägt durch die Annahme vom Versagen der korrespondierenden Vorschriften der Weimarer Reichsverfassung. Ferner steht mit der Geschichte der Weimarer Republik historisch-politisches Material für eine vergleichende Analyse
zur Verfügung. Die Durchdringung dieses Materials soll den Blick dafür schärfen, welche Rolle es im Hinblick auf heutige Einschätzungen
spielt bzw. welche Annahmen den heute geltenden rechtlichen Kon-
struktionen zugrunde liegen.

Aus diesen Überlegungen ergibt sich folgender Gang der Arbeit:
Zunächst wird die Bedeutung und die Durchsetzung des Vertrauenserfordernisses dargestellt. Im 1. Teil geht es dann um den Inhalt und
die Wirkungsweise von Art. 54 WRV. Im Mittelpunkt steht dabei die
Analyse, welchen Einfluß die Bestimmung auf das Ende der Reichsregierungen in der Weimarer Republik ausübte. Im 2. Teil wird untersucht, welche Rolle die Art. 67, 68 GG für das Regierungssystem der
Bundesrepublik Deutschland spielen. Das Schwergewicht liegt hier auf
ihrer Wirkungsweise bei Regierungskrisen. Aus dem Ergebnis dieser
mehr rechtstatsächlich ausgerichteten Untersuchungen werden im
3. Teil Folgerungen für die Auslegung der Art. 67, 68 GG gezogen. Es
erweist sich dabei, daß eine Reihe von Streitfragen auf der so geschaf-
fenen Grundlage beantwortet werden können.

II. Bedeutung und Durchsetzung des Vertrauenserfordernisses

Jedes Regierungssystem ist gezwungen, auf veränderte gesellschaft-liche Bedingungen zu reagieren und sich ihnen anzupassen. Nur da-durch kann es auf längere Sicht seine Lebensfähigkeit erhalten. Das parlamentarische Regierungssystem zeichnet sich nun dadurch aus, daß es sich inzwischen schon über Jahrhunderte als flexibel genug erwie-sen hat, neuen Anforderungen gerecht zu werden und zu ihrer Bewäl-tigung angemessene organisatorische Regelungen zur Verfügung zu stellen.[12] Immerhin lassen sich neben situationsbedingten und vergäng-lichen Merkmalen auch Strukturelemente erkennen, deren Vorhanden-sein essentiell ist, um ein Regierungssystem zuverlässig als ein *parla-mentarisches* klassifizieren zu können.[13] Zu diesen elementaren Grund-sätzen gehört das Vertrauenserfordernis.[14]

1. Der Inhalt des Vertrauenserfordernisses

Das Vertrauenserfordernis kommt in zwei Erscheinungsformen zum Ausdruck:

— zum einen in der Vertrauensbekundung im Zusammenhang mit der Einsetzung der Regierung, sei es durch die Wahl (des Regie-rungschefs, der Minister) selbst, sei es durch ein Vertrauensvotum im Anschluß an die Ernennung der Regierung durch ein parlaments-externes Organ (z. B. durch den Präsidenten);

— zum anderen in parlamentarischen Beschlüssen, durch die eine be-stehende Regierung bestätigt oder aber gestürzt wird.

In der Literatur wird häufig darauf verzichtet, diese Unterscheidung deutlich zu machen.[15] Sie ist deshalb wichtig, weil es letztlich nur auf

---

[12] Vgl. *von Beyme* (FN 7), S. 49 ff.; *Widder* (FN 4), S. 58 ff.

[13] Vgl. dazu *Denninger*, Staatsrecht 2, 1979, S. 13 ff.; *Stern*, Das Staats-recht der Bundesrepublik Deutschland I, 1977, S. 746, jeweils m. w. N.; ferner *Rausch* (FN 5), S. 17 ff.

[14] Dies wird nicht immer ausreichend berücksichtigt. So läßt es etwa *Sontheimer*, Universitas 35 (1980), S. 449 ff., genügen, wenn das Parlament u. a. die Fähigkeit besitzt, die Regierung „in ihrer Machtausübung einer ge-wissen Kontrolle zu unterwerfen" (450). Demgegenüber ist darauf hinzuwei-sen, daß für das parlamentarische Regierungssystem die Abhängigkeit der Regierung vom Vertrauen des Parlaments konstituierend ist. So auch z. B. *Maunz* (1979), in: Maunz / Dürig, Grundgesetz, Art. 62, Rdn. 62: „Das Erfor-dernis des parlamentarischen Vertrauens gegenüber der Regierung wird da-mit zum unverzichtbaren Bestandteil des parlamentarischen Systems."

[15] Vgl. z. B. *Herzog*, Stichwort „Parlamentarisches System", in: Evangeli-sches Staatslexikon, 1975, Sp. 1766 ff. (1766): „Als parlamentarisches System bezeichnet die Staatsrechtslehre jenes Verfassungssystem, in welchem die Regierung in ihrem Bestand und folglich auch in ihrer Tätigkeit vom Ver-trauen des Parlaments abhängig ist. Dabei läßt die Art und Weise, in der

den (Fort-)Bestand des Vertrauens ankommt, während es von sekun-
därer Bedeutung ist, ob und gegebenenfalls in welcher Form das Parlament bei der Einsetzung der Regierung mitgewirkt hat: „Die Regierung bleibt im Amt, solange sie über die Unterstützung der Mehrheit
der Mitglieder des Parlaments verfügt".[16] Ob dies der Fall ist, kann
sich auf verschiedene Weise herausstellen: Die Regierung kann selbst
die Frage an das Parlament richten, ob sie sein Vertrauen besitzt.[17]
Sie kann ferner das parlamentarische Votum über ein wichtiges Ge-
setzesvorhaben als Vertrauensbestätigung oder -versagung ansehen.[18]
Am eindeutigsten ist die Lage nach einem parlamentarischen Mißtrauensvotum. Die Regierung hat „die Pflicht zu demissionieren, wenn die
Parlamentsmehrheit ihr das Vertrauen entzieht (...)"[19]. In der Demis-
sionspflicht äußert sich auch die Ministerverantwortlichkeit als „Aus-
drucksform der Grundlinie des parlamentarischen Regierungssystems,
das auf die politische Übereinstimmung der Staatsleitung und der
Parlamentsmehrheit abzielt"[20], in ihrer radikalsten Ausprägung.[21] Das
bedeutet, daß die Abhängigkeit der Regierung vom Vertrauen des
Parlaments ihre Verantwortlichkeit logisch zwingend zur Folge hat.
Damit ist allerdings noch nicht darüber entschieden, welche Mechanismen in Gang gesetzt werden, um den Sturz der Regierung zu bewirken. Sie gilt es zu erkennen, wenn der Stellenwert verfassungsrecht-
licher Regelungen ermittelt werden soll.

---

die Regierung zustandekommt und in der ihr das Vertrauen bzw. das Mißtrauen des Parlaments ausgesprochen wird, eine Reihe von Spielarten zu."
s. auch *Stern* (FN 13), S. 746: „Der Kern dieses Prinzips ... (der parlamentarischen Regierungsweise. E. B.) besteht darin, daß die Regierung auf das
Vertrauen des Parlaments (jedenfalls seiner Mehrheit) gestützt sein muß ..."
Ferner *Rauschning*, Das parlamentarische Regierungssystem des Grundgesetzes in der Rechtsprechung des Bundesverfassungsgerichts, in: Bundesverfassungsgericht und Grundgesetz, 2. Band, 1976, S. 214 ff. (214 f.), m. w. N.

[16] *Loewenstein* (FN 8), S. 84. Vgl. auch *Friedrich* (FN 5), S. 505.

[17] Eine negative Beantwortung zieht aber nicht zwangsläufig den Rücktritt der Regierung nach sich.

[18] Auch in diesem Fall muß ein negatives Votum nicht automatisch den
Rücktritt der Regierung zur Folge haben.

[19] *von Beyme* (FN 7), S. 41.

[20] *Badura*, ZParl 11 (1980), S. 573 ff. (582).

[21] Das Vertrauenserfordernis liefert auch die inhaltliche Begründung für
andere Ausprägungen der Ministerverantwortlichkeit, so z. B. für Auskunfts-
und Informationsrechte des Parlaments oder für seine Befugnis, Unter-
suchungsausschüsse einzusetzen. Zur Ministerverantwortlichkeit insgesamt
vgl. *Kröger*, Die Ministerverantwortlichkeit in der Verfassungsordnung der
Bundesrepublik Deutschland, 1972; *Magiera*, Parlament und Staatsleitung in
der Verfassungsordnung des Grundgesetzes, 1979, S. 269 ff.; *Schwarz-Liebermann von Wahlendorf*, Verantwortung der Exekutive und demokratische
Kontrolle, 1974; *Schambeck*, Die Ministerverantwortlichkeit, 1971; ferner
Die politische Bedeutung der Ministerverantwortlichkeit: Lehren aus der
Praxis, ZParl 11 (1980), S. 583 ff. Als Teil einer übergreifenden politischen
Verantwortung behandelt *Ellwein* die Ministerverantwortlichkeit in seiner
Rektoratsrede „Über politische Verantwortung", 1978.

2. Die Durchsetzung des Regierungssturzes
und die Bedeutung verfassungsrechtlicher Regelungen

Die maßgebliche Prägung des parlamentarischen Regierungssystems durch die politischen Parteien[22] führt dazu, daß sich der Regierungssturz in der Regel über Aktivitäten von Parteiinstanzen vollzieht. Die Inhaber von Regierungsämtern bedürfen der Absicherung durch die Parteien, umgekehrt sind die Parteien auf „ihre" Minister angewiesen, weil durch sie ihre Wahlchancen entscheidend beeinflußt werden und weil nur über den Staatsapparat eine Realisierung der Parteiziele möglich ist. Im politischen „Normalfall" reicht der Druck der eigenen Partei (oder Fraktion) aus, um ein Regierungsmitglied (oder die ganze Regierung) zum Rücktritt zu bewegen. Andere Mittel brauchen dann nicht benutzt zu werden. Auf sie wird auch gern verzichtet, weil bei ihrem Einsatz die Gefahr besteht, daß die Partei in der Öffentlichkeit als nicht geschlossene, einheitlich agierende politische Kraft erscheinen könnte.[23]

In den Fällen des aus eigenem Entschluß vollzogenen oder durch partei- bzw. fraktionsinternen Druck erzwungenen Rücktritts der gesamten Regierung oder einzelner Regierungsmitglieder bleibt für einen Vertrauensentzug durch das Parlament kein Raum mehr. Entweder erfolgt der Rücktritt, ehe eine parlamentarische Aktion überhaupt in Gang kommt, oder der Wechsel wird vorgenommen, nachdem zuvor noch parlamentarische Verstöße der Opposition abgewehrt worden sind. Verfassungsbestimmungen spielen bei diesen Vorgängen weder in der einen noch in der anderen Richtung eine Rolle; sie können den Regierungssturz weder beschleunigen noch aufhalten. Das bedeutet freilich nicht, daß die jeweiligen Normen entscheidend an Bedeutung verloren haben oder gar obsolet geworden sind. Relevant können sie nämlich dann werden, wenn die Mehrheitsverhältnisse im Parlament nicht eindeutig sind, weil einzelne Abgeordnete oder Gruppen von Abgeordneten nicht fest einem politischen Lager angehören bzw. von der Regierungsseite zur Opposition überwechseln. Gleiches gilt, wenn sich im Parlament von vornherein keine eindeutige Mehrheit für eine

---

[22] Vgl. BVerfGE 24, S. 260 ff. (264); *Seifert*, Die politischen Parteien im Recht der Bundesrepublik Deutschland, 1975, S. 362 ff.; ausführlich *Köppler*, Die Mitwirkung bei der politischen Willensbildung des Volkes als Vorrecht der Parteien, 1974. Zur Bedeutung der Parteien vgl. ferner *Friesenhahn*, Die Stellung der politischen Parteien in der Verfassung, 1969, S. 1 ff. (1). Auf die besonders starke Prägung des parlamentarischen Regierungssystems durch die Parteien bei Koalitionsregierungen weist *Stern* (FN 13), S. 343, hin.

[23] Diesen Aspekt betont *Lenz* in einem Diskussionsbeitrag in: Die politische Bedeutung der Ministerverantwortlichkeit (FN 21), S. 590. Im Hinblick auf künftige Wahlen wird es stets für unerläßlich gehalten, daß eine Partei als in den entscheidenden Sach- und Personalfragen einig dasteht.

Regierung findet. Besondere Beachtung verdient der Fall, daß der Druck der eigenen Partei nicht ausreicht, um den Rücktritt zu erzwingen. Schließlich ist die verfassungsrechtliche Ausgestaltung für das Vorgehen der Opposition wichtig. Die Opposition ist darauf angewiesen, sich neben dem Druck in der Öffentlichkeit auch der parlamentarischen Möglichkeiten zu bedienen, sei es, um mit einem demonstrativen Akt, von dem eine gewisse Publikumswirksamkeit ausgeht, auf sich aufmerksam zu machen, sei es, um die Festigkeit der Regierungsmehrheit zu testen. Allerdings kann sich dieses Agieren dann nachhaltig für die Opposition auswirken, wenn sich die Mehrheit im Parlament geschlossen hinter die Regierung stellt. Aber auch in dem Fall erfüllen die betreffenden Verfassungsbestimmungen ihre Funktion, indem sie nach außen hin den Beweis erbringen, daß die Regierung das Vertrauen der Parlamentsmehrheit besitzt. Das aus demokratischen Wahlen hervorgegangene Parlament stimmt darüber ab, ob eine Regierung oder ein Regierungsmitglied im Amt bleiben soll. Machtstrukturen und Machtverhältnisse werden sichtbar. Darin liegt ein wesentlicher Unterschied im Verhältnis zu anderen Regierungssystemen, in denen Entscheidungen über die Machtverteilung im Staat nicht öffentlich fallen, sondern lediglich mitgeteilt werden. Hier wird aber auch ein Unterschied zu dem häufig in den Parteien praktizierten Verfahren sichtbar, deren Transparenz vielfach gering ist.[24]

---

[24] Zu dem damit angesprochenen Problem der innerparteilichen Demokratie vgl. *Lohmar*, Innerparteiliche Demokratie, 1963; *Trautmann*, Innerparteiliche Demokratie im Parteienstaat, 1975.

1. TEIL

Inhalt und Wirkungsweise von Art. 54 WRV

Bei wenigen Verfassungsbestimmungen wirkten sich die „Lehren von Weimar" so nachhaltig aus wie bei der Ausgestaltung des Vertrauensprinzips im Grundgesetz. Die Instabilität der Reichsregierungen in der Weimarer Republik war als Erfahrungs- und Argumentationshintergrund im Parlamentarischen Rat allzeit präsent.[1] Die weitreichenden Folgerungen, die der Grundgesetzgeber gezogen hat, waren allerdings nur dann gerechtfertigt, wenn der Kausalverlauf zutreffend ermittelt worden war, d. h. wenn Art. 54 WRV tatsächlich wesentlich zu den häufigen Regierungskrisen in der damaligen Zeit beigetragen hatte.

Die folgenden Überlegungen sollen einen Beitrag zur Klärung dieser Frage leisten. Zu dem Zweck wird zunächst die verfassungsrechtliche Stellung der Reichsregierungen erläutert und dabei besonders auf die Ausprägung des Vertrauenserfordernisses in Art. 54 WRV eingegangen. Weiterhin wird geprüft, wie und mit welchen Konsequenzen Art. 54 WRV in der politischen Praxis angewendet wurde.

I. Die doppelte Abhängigkeit der Reichsregierungen nach der Weimarer Reichsverfassung

Die verfassungsrechtliche Stellung der Reichsregierung war durch ihre doppelte Abhängigkeit gekennzeichnet: Nach Art. 53 WRV wurden der Reichskanzler und auf seinen Vorschlag die Reichsminister vom Reichspräsidenten ernannt und entlassen. Nach Art. 54 WRV benötigten der Reichskanzler und die Reichsminister zu ihrer Amtsführung das Vertrauen des Reichstags. Jeder von ihnen mußte zurücktreten, wenn ihm der Reichstag durch ausdrücklichen Beschluß sein Vertrauen entzog. Die Regierung mußte also zum einen darauf bedacht sein, daß der Reichspräsident sie nicht entließ; zum anderen mußte sie verhindern, daß der Reichstag ihr das Mißtrauen aussprach. Dieser

---

[1] Vgl. dazu *Fromme*, Von der Weimarer Verfassung zum Bonner Grundgesetz, 1960, S. 8 ff., 79 ff.; ferner *Otto*, Das Staatsverständnis des Parlamentarischen Rates, 1971, S. 130 ff.

„organisatorische Dualismus des doppelten Vertrauens"[2] beruhte auf der Vorstellung von einem Gleichgewichtszustand zwischen Präsident und Parlament, zwischen denen die Regierung als Bindeglied fungieren sollte.[3] Das nachfolgend etwas ausführlicher erläuterte Vertrauenserfordernis nach Art. 54 WRV betrifft also von vornherein nur eine Seite des Vertrauensproblems.

II. Das Vertrauenserfordernis gemäß Art. 54 WRV

1. Die Normierung des Vertrauensprinzips in Art. 54 Satz 1 WRV

Das Vertrauenserfordernis in Art. 54 Satz 1 WRV galt für den Reichskanzler, die einzelnen Reichsminister und für die gesamte Reichsregierung. Eine Beschränkung der Abberufbarkeit durch ein Mißtrauensvotum auf den Regierungschef, wie sie Art. 67 GG gebracht hat, kannte die Weimarer Reichsverfassung nicht.

Art. 54 Satz 1 WRV könnte darauf hindeuten, daß das Vorhandensein des Vertrauens jeweils bei Amtsantritt zu prüfen war. Die Bestimmung ist jedoch im Zusammenhang mit Art. 54 Satz 2 WRV zu sehen, der ausdrücklich die Voraussetzungen normiert, unter denen eine Rücktrittspflicht besteht. Der Bestand der Regierung hing also nicht von einem positiven Vertrauensvotum des Reichstags ab.[4] Aus dem gleichen Grunde waren die Regierungen nicht verpflichtet zurückzutreten, wenn das Parlament eine von ihnen unterstützte wichtige Gesetzesvorlage oder eine Vertrauensfrage ablehnte.

2. Der Mißtrauensbeschluß gemäß Art. 54 Satz 2 WRV

Der Mißtrauensbeschluß, der eine rechtliche Rücktrittsverpflichtung begründete, setzte die Annahme eines aus dem Reichstag hervorgehenden Antrags (§ 54 RTGeschO) voraus. Das Mißtrauensvotum mußte

---

[2] *Steiger*, Organisatorische Grundlagen des parlamentarischen Regierungssystems, 1973, S. 211.

[3] Vgl. dazu *Fromme* (FN 1), S. 57 ff.; *Lippert*, Bestellung und Abberufung der Regierungschefs und ihre funktionale Bedeutung für das parlamentarische Regierungssystem, 1973, S. 220 ff., 400 ff.; *Loewenstein*, Verfassungslehre, 1969, S. 90 ff.; *Steiger* (FN 2), S. 205 ff., jeweils m. w. N.

[4] Einhellige Auffassung. Vgl. *Giese*, Die Verfassung des Deutschen Reiches, 1931, Art. 54, Anm. 1; *Anschütz*, Die Verfassung des Deutschen Reichs vom 11. Aug. 1919, 1933, Art. 54, Anm. 3; *Schmitt*, Verfassungslehre, 1928, S. 343; *Thoma*, Die rechtliche Ordnung des parlamentarischen Regierungssystems, in: HdbDStR I, 1930, S. 503 ff. (507), jeweils m. w. N. Eingehend zum Vertrauensgrundsatz *Schiffer*, Das politische Parlament und die Regierung, in: Volk und Reich der Deutschen, Band 2, 1929, S. 301 ff. (308 f.).

ausdrücklich erfolgen, eine konkludente Bekundung des Mißtrauens genügte nicht.[5]

Nach der Auffassung Carl Schmitts sollte ein ausdrücklicher Mißtrauensbeschluß nicht wirksam sein, wenn die Mehrheit, die den Beschluß faßte, aus gegensätzlichen Beweggründen dafür votierte.[6] Der Autor begründete seine Ansicht damit, daß die Verschiedenheit der Motive das notwendige Korrelat eines Mißtrauensbeschlusses, nämlich die Möglichkeit des Vertrauens und einer neuen Regierungsbildung, ausschließe.[7] Eine einengende Auslegung, wie sie Carl Schmitt vertrat, läßt sich aus Art. 54 Satz 2 WRV jedoch nicht herleiten. Es wäre praktisch kaum möglich festzustellen, wann ein Mißtrauensbeschluß aus gegensätzlichen Motiven gefaßt wurde.[8] Vor allem findet sich in der Verfassungsbestimmung kein Anhaltspunkt, der darauf hinweist, daß die Verschiedenheit der Beweggründe für die Wirksamkeit des Mißtrauensvotums von Bedeutung sein könnte. Der Mißtrauensbeschluß gemäß Art. 54 Satz 2 WRV war also wirksam, auch wenn seine Unterstützung gegensätzlichen Motiven entsprang.[9]

Adressat des Mißtrauensvotums konnte der Reichskanzler, ein einzelner Reichsminister, schließlich auch die gesamte Reichsregierung sein. Beim Erfolg eines Mißtrauensantrags — dafür reichte die einfache Mehrheit im Reichstag aus, da die Verfassung kein anderes Stimmenverhältnis vorschrieb[10] — hatte das davon betroffene Mitglied der Regierung zurückzutreten. Das bedeutete, daß es verpflichtet war, „sofort nach dem Beschluß durch den Reichskanzler seine Entlassung nachzusuchen"[11]. Der Reichskanzler mußte dem Reichspräsidenten die Entlassung vorschlagen. Der Reichspräsident mußte dem Entlassungsvorschlag bzw. dem eigenen Entlassungsgesuch der Regierung oder der Regierungsmitglieder unverzüglich entsprechen.[12] Er hatte allerdings das Recht — und gegebenenfalls die Pflicht —[13], den Minister, den Kanzler oder die ganze Regierung mit der Weiterführung der Geschäfte zu betrauen.[14]

---

[5] Vgl. *Anschütz* (FN 4), Art. 54, Anm. 3; *Giese* (FN 4), Art. 54, Anm. 2.

[6] *Schmitt* (FN 4), S. 345.

[7] Ebenda. Der Auffassung *Schmitts* folgte *Abraham*, DJZ 1932, Sp. 1509 ff.

[8] Diese Schwierigkeiten räumte *Schmitt* (FN 4) teilweise selbst ein, ohne daraus aber irgendwelche Folgerungen zu ziehen.

[9] Herrschende Meinung. Vgl. die Nachweise bei *Anschütz* (FN 4), Art. 54, Anm. 6.

[10] Art. 32 Abs. 1 Satz 1 WRV.

[11] *Giese* (FN 4), Art. 54, Anm. 2.

[12] Herrschende Meinung. Vgl. statt aller *Anschütz* (FN 4), Art. 54, Anm. 7.

[13] Dazu eingehend *Anschütz*, ebenda.

[14] Durch § 12 des Reichsministergesetzes vom 27. März 1930 wurde dieses Recht verfassungsrechtlich verankert. Es war aber auch vorher nicht um-

III. Art. 54 WRV in der politischen Praxis der Weimarer Zeit

Die Bedeutung der Diskussion über die Wirkungsweise von Art. 54 WRV wird voll sichtbar, wenn man sich die ständige Instabilität der Weimarer Reichsregierungen bewußt macht. Die Übersicht auf Seite 29 zeigt die Wahltermine (Nationalversammlung bzw. Reichstag) und gibt an, von wann bis wann die einzelnen Reichskanzler amtierten.

Danach gab es in 14 Jahren 20 verschiedene Regierungen, in manchen Jahren folgten drei Regierungen aufeinander, 1923 sogar vier. Kein Reichskanzler war über eine volle Wahlperiode im Amt.

Der Einfluß von Art. 54 WRV auf diese Entwicklung wird vor allem in folgendem gesehen:[15]

— Die Bestimmung habe keinen ausreichenden Schutz gegen das Zusammenwirken von nur im Regierungssturz einigen Flügelparteien geboten.

— Die Mehrheitsanforderungen für das Zustandekommen eines Mißtrauensbeschlusses seien so gering gewesen, daß es keine große Mühe bereitet habe, ein solches Votum zustandezubringen.

— Mißtrauensvoten aus „Verärgerung" habe es auch deshalb geben können, weil im zeitlichen Ablauf die verfahrensmäßigen Anforderungen ungenügend gewesen seien.

— Art. 54 WRV habe die allmähliche Zerstörung der Regierungssubstanz durch das „Hinausschießen" einzelner Minister bewirkt.

— Der Reichskanzler habe über keine wirksamen Gegenmittel gegen einen Mißtrauensbeschluß verfügt, da insbesondere das Recht zur Auflösung des Reichstages nicht bei ihm, sondern nach Art. 25 WRV beim Reichspräsidenten gelegen habe.

Die geltend gemachten Kritikpunkte kreisen also zum einen um die Anforderungen, die an das Zustandekommen eines Mißtrauensbeschlusses geknüpft waren. Sie seien zu gering gewesen und hätten damit ein „destruktives" parlamentarisches Verhalten ermöglicht. Insbesondere habe die Bestimmung keinen oder keinen ausreichenden Schutz gegen solche Aktionen geboten, die ausschließlich auf Behinderung, Lähmung oder gar Zerstörung der Regierungsarbeit und des Regierungsbestandes hinausgelaufen seien. Zum anderen wird angeführt, daß die Regierung ihrerseits keine ausreichenden Mittel zur Verfügung gehabt habe, um sich erfolgreich mit dem Parlament auseinandersetzen zu können.

---

stritten. Vgl. die Nachweise bei *Anschütz* (FN 4), Art. 54, Anm. 7, Fußnote 2; s. ferner *Dreher*, Geschäftsregierung und Reichsverfassung, 1932.

[15] Vgl. dazu im 2. Teil unter I.

Jahr	Wahltermin[a]	Amtsdauer der Reichskanzler[a]	
1919	Nationalversammlung 19. 1.1919	Scheidemann	13. 2. bis 21. 6.1919
		Bauer	21. 6.1919 bis 27. 3.1920
1920	1. Reichstag 6. 6.1920	Müller I	27. 3.1920 bis 21. 6.1920
		Fehrenbach	21. 6.1920 bis 10. 5.1921
1921		Wirth I	10. 5.1921 bis 26.10.1921
		Wirth II	26.10.1921 bis 22.11.1922
1922		Cuno	22.11.1922 bis 13. 8.1923
1923		Stresemann I	13. 8.1923 bis 6.10.1923
		Stresemann II	6.10.1923 bis 30.11.1923
1924	2. Reichstag 4. 5.1924	Marx I	30.11.1923 bis 3. 6.1924
		Marx II	3. 6.1924 bis 15. 1.1925
	3. Reichstag 7.12.1924	Luther I	15. 1.1925 bis 20. 1.1926
1926		Luther II	20. 1.1926 bis 17. 5.1926
		Marx III	17. 5.1926 bis 29. 1.1927
		Marx IV	29. 1.1927 bis 29. 6.1928
1928	4. Reichstag 20. 6.1928	Müller II	29. 6.1928 bis 30. 3.1930
1929			
1930	5. Reichstag 14. 9.1930	Brüning I	30. 3.1930 bis 7.10.1931
1931		Brüning II	7.10.1931 bis 2. 6.1932
1932	6. Reichstag 31. 7.1932	v. Papen	2. 6.1932 bis 3.12.1932
	7. Reichstag 6.11.1932	v. Schleicher	3.12.1932 bis 30. 1.1933
1933			

a) Angaben aus: Dokumente zur Deutschen Verfassungsgeschichte. Band 3, 1966, S. 606 f., 612 ff.

Die folgende Analyse soll zeigen, ob Art. 54 WRV tatsächlich die ihm zugeschriebene Rolle gespielt hat. Zu dem Zwecke wird zunächst geprüft, wie oft und in welcher Weise die Vorschrift angewendet wurde.

1. Vertrauensanträge

In einem ersten Schritt werden die Vertrauensanträge untersucht. Sie sind in der Tabelle auf Seite 31 nach Wahlperioden aufgeschlüsselt und nach den Antragstellern sowie nach ihrem parlamentarischen Schicksal dargestellt.

Zwischen dem 6. 2. 1919 — dem Tag des Zusammentritts der Nationalversammlung — und dem 29. 1. 1933 — dem Tag vor der Ernennung Adolf Hitlers zum Reichskanzler — wurden also insgesamt 33 parlamentarische Anträge gestellt, die — in unterschiedlicher Weise — eine Vertrauenserklärung für die Regierung zum Gegenstand hatten.[16] Von diesen 33 Anträgen nahmen Nationalversammlung und Reichstag 28 an, über vier wurde nicht abgestimmt. Abgelehnt wurde ein Antrag. Dabei handelt es sich um den Antrag Dr. Scholz (DVP), Marx (Zentrum), Erkelenz (DDP) und Gen. vom 23. 11. 1923 zugunsten der Regierung Stresemann II.[17] Dieser Antrag wurde in namentlicher Abstimmung mit 156 gegen 231 Stimmen bei 7 Stimmenthaltungen und einer ungültigen Stimme am 23. 11. 1923 abgelehnt.[18] Für den Antrag stimmten DDP, Zentrum, DVP, dagegen KPD, USPD, SPD und DNVP.[19]

2. Mißtrauensanträge

Eine Übersicht über die Mißtrauensanträge, aufgeschlüsselt wieder nach Wahlperioden, nach den Antragstellern und nach ihrem parlamentarischen Schicksal ist in der Tabelle auf Seite 32 enthalten.

Faßt man sämtliche Mißtrauensanträge zusammen, die in der Weimarer Republik gegen die Regierungen insgesamt und gegen einzelne Minister gerichtet worden sind, so ergibt sich eine Gesamtzahl von 204

---

[16] Verfassungsrechtliche Grundlage war vor dem Inkrafttreten der Weimarer Reichsverfassung das Gesetz über die vorläufige Reichsverfassung vom 10. 2. 1919 (RGBl. 1919, S. 169), das später durch Art. 178 Abs. 1 WRV aufgehoben wurde. Nach § 8 Abs. 1 dieses Gesetzes berief der Reichspräsident für die Führung der Reichsregierung ein Reichsministerium. § 8 Abs. 2 sah vor, daß die Reichsminister zu ihrer Amtsführung des Vertrauens der Nationalversammlung bedurften.

[17] Der Antrag lautete: „Der Reichstag spricht der Reichsregierung das Vertrauen aus" (Verhandlungen des Reichstags. I. Wp. 1920. Band 380. Anlagen. Drucksache Nr. 6352).

[18] Verhandlungen des Reichstags. I. Wp. 1920. Band 361. StenoBer. S. 12 290 C.

[19] Verhandlungen des Reichstags (FN 18), S. 12 292 ff.

Vertrauenserklärungen[a]	Nationalver- sammlung	Reichstag							Total
		1. Wp.	2. Wp.	3. Wp.	4. Wp.	5. Wp.	6. Wp.	7.Wp[b]	
Zahl der Anträge :	4	14	2	7	4	2	/	/	33
Davon angenommen	4	13	1[d]	6[d]	3[d]	1[d]	/	/	28[d]
Art der Annahme:									
– Ausdrückl. Vertrauenserklärung :	3	3	1	3	2	1	/	/	13[c]
– Billigung :	1	10	1[c]	3	2	/	/	/	17[c]
– Kenntnisnahme :	/	1[c]	/	1[c]	/	1	/	/	3[c]
Davon abgelehnt :	/	1	/	/	/	/	/	/	1[c]
Antragsteller:									
– KPD, USPD usw.	/	/	/	/	/	/	/	/	/
– SPD, DDP, Zentrum, DVP usw. :	8[e]	27[e]	2	12[e]	9[e]	2	/	/	60[e]
– DNVP, NSDAP usw. :	/	/	1[e]	4[e]	1[e]	1[e]	/	/	7[e]

a) Quelle: Verhandlungen der verfassunggebenden Deutschen Nationalversammlung. Anlagen und StenoBer.: Verhandlungen des Reichstags. 1. Wp. 1920 ff. Anlagen und StenoBer. – b) Bis zum 29.1.1933. – c) Z.T. wurde die Annahme gleichzeitig in verschiedener Form ausgesprochen. – d) Die Differenz beruht darauf, daß Anträge zurückgezogen wurden oder sonst nicht zur Abstimmung kamen. – e) Manche Anträge gingen gleichzeitig von verschiedenen Parteien aus.

Mißtrauenserklärungen[a]	Nationalver-sammlung	Reichstag							Total
		1. Wp.	2. Wp.	3. Wp.	4. Wp.	5. Wp.	6. Wp.	7. Wp.[b]	
Zahl der Anträge	3	22	4	66	43	56	4	6	204
Davon angenommen	/	/	/	3	/	/	1	/	4
Davon abgelehnt[c]	3	15[d]	3[e]	45[d]	33[d]	30[d]	/[d]	/[d]	129[d]
Anträge gegen die Regierung insgesamt	3	21	4	30	15	21	2	2	98
Anträge gegen einzelne Regierungs-mitglieder	/	1	/	36	28	35	2	4	106
Antragsteller:									
- KPD, USPD usw.	1	15	1	42	28	24	3	5	119
- SPD, DDP, Zentrum, DVP usw.	/	1	/	12	2	3	1	1	20
- DNVP, NSDAP usw.	2	6	3	12	15[e]	29	/	/	67[e]

a) *Quelle:* Verhandlungen der verfassunggebenden Deutschen Nationalversammlung. Anlagen und StenoBer.; Verhandlungen des Reichstags. 1. Wp. 1920 ff., Anlagen und StenoBer. – b) Bis zum 29. 1. 1933. – c) Einschließlich der Anträge, die wegen mangelnder Unterstützung nicht zur Abstimmung zugelassen wurden. – d) Die Differenz beruht darauf, daß Anträge zurückgezogen wurden oder sonst nicht zur Abstimmung kamen. — e) Manche Anträge gingen gleichzeitig von verschiedenen Parteien aus.

(davon 98 gegen die Regierungen insgesamt und 106 gegen einzelne Regierungsmitglieder). Auf die einzelnen Wahlperioden verteilt, läßt sich eine starke Häufung in der III., IV. und V. Wahlperiode (66, 43 und 56 Anträge) feststellen. Außerdem ist eine Verlagerung von Mißtrauensanträgen gegen die Regierung insgesamt zu Mißtrauensanträgen gegen einzelne Regierungsmitglieder erkennbar. So wurde während der Verhandlungen der Nationalversammlung und während der ersten beiden Wahlperioden des Reichstages nur ein einziger Mißtrauensantrag gegen einen Minister gerichtet; während der III. Wahlperiode hatten Mißtrauensanträge gegen einzelne Regierungsmitglieder bereits das Übergewicht (36 zu 30), und während der IV. und V. Wahlperiode dominierten sie deutlich (28 zu 15 und 35 zu 21). Die meisten Mißtrauensanträge gingen bei weitem von der KPD und der USPD aus (119), Parteien auf der rechten Seite des politischen Spektrums (NSDAP, DNVP usw.) kamen auf 67 Anträge, die Parteien der Mitte (SPD, DDP, Zentrum, DVP usw.) stellten insgesamt 20 Mißtrauensanträge, davon allein 12 in der III. Wahlperiode.

Von den 204 Mißtrauensanträgen lehnten Nationalversammlung und Reichstag 129 ab, 3 Mißtrauensbeschlüsse kamen zustande[20], der Rest gelangte nicht zur Abstimmung. Der erste erfolgreiche Mißtrauensbeschluß traf die Regierung Luther II. Den Antrag Koch-Weser (DDP) und Gen. vom 12. 5. 1926[21] nahm das Parlament am gleichen Tage in namentlicher Abstimmung mit den 177 Stimmen der SPD, DDP und KPD gegen 146 Stimmen des Zentrums, von DVP, BVP sowie der Wirtschaftlichen Vereinigung und 103 Stimmenthaltungen (DNVP, NSDAP) sowie 2 ungültigen Stimmen an[22], und die Regierung trat zurück.[23]

Noch im gleichen Jahr kam es zu einem weiteren Mißtrauensvotum, diesmal gegen die Regierung Marx III. Am 16. 12. 1926 brachten die Abgeordneten Stoecker (KPD) und Gen. sowie Müller (Franken) (SPD) und Gen. gleichlautende Anträge ein.[24] Über die Anträge wurde am

---

[20] Dem 2. erfolgreichen Mißtrauensvotum gingen zwei gleichlautende Anträge voraus, so daß insgesamt 4 Anträge erfolgreich waren.

[21] Verhandlungen des Reichstags. III. Wp. 19 211. Band 408. Anlagen. Drucksache Nr. 2284. In dem Antrag hieß es u. a.: „1. ... 2. Der Reichstag mißbilligt die Haltung des Reichskanzlers, der durch sein Verhalten in der Flaggenfrage eine Gesamtlösung dieser Frage erschwert und in sorgenvoller Zeit einen neuen Konflikt ohne Not heraufbeschworen hat."

[22] Verhandlungen des Reichstags. III. Wp. 1924. Band 390. StenoBer. S. 7218 B, 7220 ff.

[23] Vgl. *Poetzsch-Heffter*, Vom Staatsleben unter der Weimarer Verfassung. II. Teil, JöR XVII (1929), S. 1 ff. (104 f.).

[24] Verhandlungen des Reichstags. III. Wp. 1924. Band 412. Anlagen Drucksache Nr. 2869 und Nr. 2874. Die Anträge lauteten: „Die Reichsregierung besitzt nicht das Vertrauen des Reichstags."

17. 12. 1926 gemeinsam abgestimmt; sie wurden in namentlicher Abstimmung mit 249 gegen 171 Stimmen angenommen.[25] Für den Sturz der Regierung votierten KPD (einschließlich Linke Kommunisten), SPD, DNVP, NSDAP, dagegen das Zentrum, DDP, DVP und Wirtschaftliche Vereinigung.[26] Am gleichen Tag erklärte die Regierung ihren Rücktritt.[27]

Das dritte mehrheitlich angenommene Mißtrauensvotum richtete sich gegen die Regierung von Papen. Für den Antrag Torgler (KPD) und Gen. vom 30. 8. 1932[28] stimmte in der zweiten Sitzung des Reichstags am 12. 9. 1932 eine überwältigende Mehrheit: 512 Abgeordnete sprachen sich in namentlicher Abstimmung für ihn aus. 42 votierten dagegen, und bei einer ungültigen Stimme gab es 5 Stimmenthaltungen.[29] Bis auf die DVP und die DNVP unterstützten alle an der Abstimmung teilnehmenden Parteien[30] den Antrag.[31] Das Mißtrauensvotum hatte allerdings nicht die Demission der Regierung zur Folge. Vielmehr löste der Reichspräsident am gleichen Tag durch eine Verordnung gemäß Art. 25 WRV den Reichstag auf,[32] und von Papen blieb im Amt.

3. Das Wirksamwerden von Art. 54 WRV bei der Demission der Reichsregierungen in der Weimarer Republik

Betrachtet man die Vertrauens- und Mißtrauensanträge in der Weimarer Republik und ihre parlamentarische Behandlung, dann fällt auf, daß von dem Mittel des Mißtrauensantrags zwar reichlich Gebrauch gemacht wurde. Die zahlreichen Versuche, die Regierung über ein Mißtrauensvotum zu stürzen, standen aber in keinem Verhältnis zu dem damit erreichten Erfolg: Nur vier von 204 Anträgen wurden angenom-

---

[25] Verhandlungen des Reichstags. III. Wp. 1924. Band 391. StenoBer. S. 8651 A, B.

[26] Verhandlungen des Reichstags (FN 25), S. 8654 ff.

[27] Vgl. *Poetzsch-Heffter* (FN 23), S. 104 f.

[28] Verhandlungen des Reichstags. VI. Wp. 1932. Band 454. Anlagen. Drucksache Nr. 44. Der Antrag lautete: „Der Reichstag entzieht der Reichsregierung von Papen das Vertrauen."

[29] Verhandlungen des Reichstags. VI. Wp. 1932. Band 454. StenoBer. S. 15 B - D.

[30] Die Deutsche Staatspartei, die Deutsche Bauernpartei und die Reichspartei des deutschen Mittelstandes beteiligten sich nicht an der Abstimmung.

[31] Verhandlungen des Reichstags (FN 29), S. 17 ff.

[32] Die Verordnung hatte folgenden Wortlaut: „Auf Grund des Art. 25 der Reichsverfassung löse ich den Reichstag auf, weil die Gefahr besteht, daß der Reichstag die Aufhebung meiner Notverordnung vom 4. Sept. d. J. verlangt." (RGBl. I. S. 441). Zur Kontroverse, ob über den Mißtrauensantrag noch weiter abgestimmt werden durfte, als der Reichskanzler die Auflösungsurkunde auf den Tisch des Reichstagspräsidenten niedergelegt hatte, vgl. *Poetzsch-Heffter*, Vom Staatsleben unter der Weimarer Verfassung III. Teil, JöR XXI (1933/34), S. 68 ff.

men, lediglich zwei von 20 Demissionen hatten ihre Ursache in einem erfolgreichen Mißtrauensvotum. Die meisten Mißtrauensanträge wies der Reichstag mit klaren Mehrheiten ab. Der Mißtrauensbeschluß bildete also als Auslöser für den Regierungssturz die Ausnahme.

Es kann auch keine Rede davon sein, daß sich Flügelparteien regelmäßig zusammengefunden hätten, um über Mißtrauensvoten die Regierung zu stürzen, ohne anschließend willens und in der Lage zu sein, selber die Regierung zu bilden. Eine Analyse des Abstimmungsverhaltens der Flügelparteien bei Mißtrauensanträgen läßt einen derartigen Schluß gerade nicht zu: So wurden etwa die Mißtrauensanträge, die die USPD bzw. die KPD einbrachten, durchweg von den radikalen Rechtsparteien abgelehnt. Umgekehrt gilt im wesentlichen das gleiche. Die drei erfolgreichen Mißtrauensbeschlüsse kamen nicht entscheidend durch das Zusammenwirken der Flügelparteien zustande, sondern durch das Verhalten der Parteien der politischen Mitte. Weiterhin liefert die Analyse keine Bestätigung für die Auffassung, die die Mißtrauensbeschlüsse unterstützenden Parteien hätten nach dem Regierungssturz in Obstruktion verharrt: Die DDP, die den Mißtrauensantrag gegen die Regierung Luther II eingebracht hatte, war in der nachfolgenden Regierung Marx III vertreten.[33] Die DNVP, die für den Mißtrauensantrag gegen die Regierung Marx III gestimmt hatte, trat anschließend in die Regierung Marx IV ein und stellte vier Minister.[34]

Schließlich läßt sich aus dem empirischen Befund nicht ableiten, daß aufgrund der Ausgestaltung von Art. 54 WRV einzelne Minister aus der Regierung „herausgeschossen" worden sind und man dadurch die Regierung nach und nach gelähmt hat. Vor den 106 Mißtrauensanträgen gegen einzelne Regierungsmitglieder war kein einziger erfolgreich.

Zusammenfassend kann also festgestellt werden: Die Konstruktion des Art. 54 WRV führte zwar dazu, daß vor allem Flügelparteien von dem Mittel des Mißtrauensantrags häufig Gebrauch machten. Sie hatte aber keinen von „destruktiven" Mißtrauensvoten gelähmten Reichstag zur Folge. Vielmehr zeigt das Abstimmungsverhalten, daß das Parlament durchweg in der Lage war, Mehrheiten für die Ablehnung derartiger Verstöße zustandezubringen. Das gilt auch für Mißtrauensanträge, die gegen einzelne Regierungsmitglieder gerichtet waren.

Dieser — primär auf der Grundlage der Auswertung von Reichstagsdrucksachen und -protokollen gewonnene — Befund, der die unter-

---

[33] Vgl. *Poetzsch-Heffter* (FN 23), S. 104.

[34] Vgl. *Poetzsch-Heffter*, ebenda. Bei dem erfolgreichen Mißtrauensbeschluß gegen die Regierung von Papen stellte sich die Frage wegen der Auflösung des Reichstages nicht. Vgl. dazu *Bracher*, Die Auflösung der Weimarer Republik, 1971, S. 549 ff.

geordnete Bedeutung von Art. 54 WRV für die Labilität der Weimarer Reichsregierung zeigt, ist als solcher nicht neu. Im geschichts- und politikwissenschaftlichen Schrifttum hat sich schon seit längerem mehr und mehr die Erkenntnis durchgesetzt, daß hier nicht die entscheidenden Ursachen liegen.[35] In zahlreichen Einzelstudien ist darüber hinaus nachgewiesen wurden, daß ein Auseinanderfallen der jeweiligen Koalitionsregierung ausreichte, um das Ende der Regierungen zu besiegeln, ohne daß es dazu noch irgendwelcher parlamentarischer Aktionen bedurfte.[36] In der staatsrechtlichen Literatur sind diese Befunde bisher nur z. T. zur Kenntnis genommen und verwertet worden.[37] Nun ist zuzugeben, daß eine Gesamtbeurteilung verfrüht wäre, die sich ausschließlich auf eine Globalanalyse stützt. Die Fälle, in denen Art. 54 WRV zur Anwendung gelangt ist, könnte Schwächen der Verfassungskonzeption zeigen und damit die Gesamteinschätzung verändern. Um insoweit Klarheit zu erhalten, sollen deshalb im folgenden die drei Fälle, in denen es nach der Ablehnung eines Vertrauens- bzw. nach der Annah-

---

[35] Vgl. etwa *Bracher* (FN 34), S. 311; *von Beyme,* Die parlamentarischen Regierungssysteme in Europa, 1973, S. 629 f., und die Übersicht auf S. 912 ff.

[36] Vgl. z. B. *Laubach,* Die Politik der Kabinette Wirth 1921/22, 1968; *Schinkel,* Entstehung und Zerfall der Regierung Luther, 1959; *Stürmer,* Koalition und Opposition in der Weimarer Republik 1924 - 1928, 1965; *Timm,* Die deutsche Sozialpolitik und der Bruch der Großen Koalition im März 1930, 1952.

[37] z. B. von *Scheuner,* DÖV 1957, S. 633 ff. (633 f.), und von *Friesenhahn,* Parlament und Regierung im modernen Staat (Bericht), VVDStRL 16, 1958, S. 9 ff. (13): „Ich glaube daher nicht, daß das Scheitern der Weimarer Republik auf Mängel der Weimarer Reichsverfassung zurückzuführen ist." Aus der zeitgenössischen Literatur vgl. *Herrfahrdt,* Die Kabinettsbildung nach der Weimarer Verfassung unter dem Einfluß der politischen Praxis, 1927. Interessant ist in diesem Zusammenhang die Übersicht über den Rücktritt der Reichsregierungen in der Zeit von 1920 - 1933, die *Huber* in den Dokumenten zur Deutschen Verfassungsgeschichte, Band 3, 1966, S. 159 f., vorlegt. Er klassifiziert die Gründe für den Rücktritt der Reichsregierungen wie folgt:
1. das Bedürfnis zur Umbildung der Reichsregierung bei gleichbleibender Koalition;
2. das Ausscheiden eines Koalitionspartners aus der im übrigen gleichbleibenden Regierungskoalition;
3. die Aufnahme eines neuen Koalitionspartners in die im übrigen gleichbleibende Regierungskoalition;
4. der Zerfall der Regierungskoalition und ihr Ersatz durch eine neugebildete Koalition;
5. die Wahlniederlage der bisherigen Regierungskoalition;
6. die Ablehnung eines Vertrauens- oder die Annahme eines Mißtrauensvotums im Reichstag;
7. die Unmöglichkeit, für die Regierung eine parlamentarische Mehrheit zu finden;
8. die freie Entscheidung des Reichspräsidenten.

Hierbei wird deutlich, daß die Vertrauensregelung nur ein Faktor unter mehreren war und keineswegs im Vordergrund stand. Diese Tatsache hebt Huber auch hervor. Vgl. *Huber,* S. 160.

me eines Mißtrauensantrages zum Rücktritt der Regierung kam, näher untersucht werden.

4. Die Bedeutung von Art. 54 WRV bei der Demission der Regierungen Stresemann II, Luther II und Marx III

a) Stresemann II

Am 23. 11. 1923 erhielt ein Vertrauensantrag zugunsten der Regierung Stresemann II nicht die Mehrheit. Der Verneinung der Vertrauensfrage ging eine längere Regierungskrise voraus. Am 2. 11. 1923 schieden die sozialdemokratischen Minister aus der Regierung aus, weil sie die Politik des Reiches gegenüber Bayern, dem Rheinland, Sachsen und Thüringen mißbilligten.[38] Die Regierung, der damit nur noch Minister aus dem Zentrum, der DDP, der DVP sowie parteilose Fachminister angehörten, amtierte zunächst weiter. In der Kabinettssitzung am 19. 11. 1923 wurde die Lage nach dem Ausscheiden der Sozialdemokraten erörtert.[39] Da weder ein Wiedereintritt der SPD in die Regierung noch eine bürgerliche Koalition unter Einschluß der DNVP für möglich gehalten wurde, stellte Stresemann die Prüfung an, ob das Kabinett damit rechnen könne, daß die eingebrachten Mißtrauensanträge[40] abgelehnt würden. Nach seiner Auffassung, so Stresemann, sei es durchaus möglich, daß bei einer Abstimmung über die einzelnen Mißtrauensanträge die Regierung jeweils eine Mehrheit erhalte[41] — eine Einschätzung, die zutreffend gewesen sein dürfte.[42] Der Reichskanzler hielt es zu diesem Zeitpunkt noch nicht für nötig, ein positives Vertrauensvotum vom Reichstag zu verlangen.[43] Dagegen äußerte er in der Kabinettssitzung am 22. 11. 1923 die Absicht, die Vertrauensfrage zu stellen, wenn die Sozialdemokraten auf ihrem Antrag beharrten. Über ein deutschnationales oder kommunistisches Mißtrauensvotum wolle er hinweggehen.[44] Auf diese Weise sollte die SPD unter Druck gesetzt werden,[45] nachdem Reichspräsident Ebert zuvor erklärt hatte, er werde seinen ganzen Einfluß aufbieten, um seine Partei von einem

---

[38] Vgl. Akten der Reichskanzlei. Weimarer Republik: Die Kabinette Stresemann I und II. Band 2, 1978, Dok. Nr. 216, s. ferner Schulthess' Europäischer Geschichtskalender N. F. 39 (1923), 1928, S. 223.

[39] Vgl. Akten der Reichskanzlei (FN 38), Dok. Nr. 268.

[40] Es lagen Anträge der DNVP (RT-Drucks. Nr. 6344, Band 380), der KPD (RT-Drucks. Nr. 6436, Band 380) und der SPD (RT-Drucks. Nr. 6349, Band 380) vor.

[41] Akten der Reichskanzlei (FN 39), Dok. Nr. 268.

[42] So jedenfalls auch *von Beyme* (FN 35), S. 650.

[43] Akten der Reichskanzlei (FN 39), Dok. Nr. 268.

[44] Akten der Reichskanzlei (FN 39), Dok. Nr. 278.

[45] Vgl. ebenda.

Mißtrauensvotum abzuhalten.[46] Stresemann hoffte, daß in offener Auseinandersetzung eine klare Entscheidung getroffen würde. Von Beyme charakterisiert dieses Vorgehen als „den verzweifelten Versuch ..., das Rad der parlamentarischen Geschäftspraxis zurückzudrehen und vom Fraktionsparlamentarismus des Weimarer Systems loszukommen"[47]. Der Versuch Stresemanns hatte jedoch keinen Erfolg; der Reichstag lehnte den Vertrauensantrag ab. Noch am gleichen Tag beschloß das Kabinett den Rücktritt.[48]

Der politische Wille, nur dann im Amt zu bleiben, wenn die Reichstagsmehrheit sich hinter die Regierung stellte,[49] und nicht eine Norm, nicht die Ausgestaltung des Vertrauensprinzips, bewirkte also den Rücktritt der Regierung.

b) Luther II

Bei der Regierung Luther II handelte es sich um ein Minderheitskabinett, getragen vom Zentrum, der DDP, DVP und der BVP. Der Konflikt, der letztlich zum Sturz der Regierung führte, begann damit, daß der parteilose Reichskanzler in der zweiten Aprilhälfte 1926 daranging, eine neue Flaggenverordnung zu entwerfen. Nach seinen Vorstellungen sollten die bis dahin nur in der Handelsflagge geführten Farben Schwarz-Weiß-Rot in die Dienstflagge der deutschen Auslandsvertretungen übernommen werden.[50] Die beiden Farben symbolisierten gewissermaßen das 1918 untergegangene Kaiserreich einerseits, die neue Republik andererseits. Deshalb wurde die Verordnung, die das Kabinett am 1. 5. 1926 beschloß und die bereits am 5. 5. 1926 in Kraft trat, sofort zum Gegenstand heftiger Auseinandersetzungen. Vor allem die DDP, durch zwei Minister in der Regierung vertreten, opponierte heftig, und auch das Zentrum und die DVP kritisierten das eigenmächtige Vorgehen des Kanzlers.[51] Sein Handlungsspielraum wurde zusätzlich dadurch eingeengt, daß Reichspräsident Hindenburg einen Kompromiß in der Sache ablehnte.[52] In dieser Situation verlagerte sich die Auseinander-

---

[46] Vgl. Akten der Reichskanzlei (FN 39), Dok. Nr. 268.

[47] von Beyme (FN 35), S. 650.

[48] Vgl. Akten der Reichskanzlei (FN 39), Dok. Nr. 279.

[49] Vgl. die Äußerung Stresemanns: „ ... Die Reichsregierung hat nicht die Absicht, ihre Geschäfte fortzuführen auf Grund einer durch solche parlamentarische Arithmetik herbeigeführte Entscheidung. Ich wünsche eine klare, unzweideutige Entscheidung, ob die Regierung das Vertrauen des Parlaments besitzt oder nicht" (Stresemann, Vermächtnis. Band 1, 1932, S. 244).

[50] Zu dem Ablauf insgesamt vgl. Stürmer (FN 36), S. 147 ff.

[51] Vgl. Stürmer (FN 36), S. 148 f.

[52] In der Ministerbesprechung am 5. 5. 1926 machte Luther den Vorschlag, zwischen Übersee-Missionen und zur See erreichbaren europäischen Missionen auf der einen Seite, den übrigen europäischen Missionen auf der ande-

setzung mehr und mehr von dem Streit um die Flaggenverordnung auf die Beurteilung des Vorgehens des Reichskanzlers und die Frage, ob er im Amt bleiben könne oder gehen müsse — ein Konflikt, der besonders von der DDP forciert wurde. Deren Vorsitzender Koch-Weser machte in einer Besprechung Luthers mit Parteiführern am 10. 5. 1926 deutlich, daß „das Mißfallen der Demokraten gegen den Reichskanzler nicht beseitigt sei. Die Demokratische Fraktion sei daher nicht in der Lage, gegen das sozialdemokratische Mißtrauensvotum zu stimmen."[53] In dieser Besprechung deutete Luther bereits an, „daß in seiner eigenen Person bei Lösung der gegenwärtigen Krise nicht der leiseste Hinderungsgrund liegen dürfe."[54] Damit war im Grunde klargestellt, daß der Reichskanzler nicht mehr im Amt bleiben würde. Die folgenden Schritte des Kabinetts und der an der Regierung beteiligten Parteien hatten nicht mehr die Aufgabe, Luther zu halten; sie sollten vor allem dazu dienen, daß sich die Krise nicht ausweitete und die Position des Reichspräsidenten schwächte, der sich in der Flaggenfrage stark engagiert hatte.[55]

Dem Mißtrauensbeschluß im Reichstag kam unter diesen Umständen lediglich die Funktion eines Vehikels zu, dessen sich die rebellierenden Kräfte in der Koalition bedienten. Selbst wenn er gescheitert wäre, hätte Luther nicht Reichskanzler bleiben können.[56] Im Gesamtablauf lieferte der Flaggenkonflikt „nur die Handhabe, um den Reichskanzler

---

ren Seite zu unterscheiden. Staatssekretär Meissner betonte daraufhin, daß der Reichspräsident eine derartige Unterscheidung kaum billigen und nicht nachgeben werde. Vgl. Akten der Reichskanzlei. Weimarer Republik. Die Kabinette Luther I und II, 1977, Band 2, Dok. Nr. 354.

[53] Akten der Reichskanzlei (FN 52), Dok. Nr. 360.

[54] Ebenda.

[55] Vgl. Akten der Reichskanzlei (FN 52), Dok. Nr. 360. Besonders aufschlußreich ist in diesem Zusammenhang die Äußerung des Abgeordneten Erkelenz (DDP), ebenda: „Die Demokraten wünschten dringend den Herrn Reichspräsidenten aus der Schußlinie zu halten ... Die Demokratische Fraktion erblicke eben die Lösung nur in Personalveränderungen im gegenwärtigen Reichskabinett." In die gleiche Richtung gingen die Stellungnahmen in der Ministerratsbesprechung am 10. 5. 1926. Vgl. Akten der Reichskanzlei (FN 52), Dok. Nr. 361. Dem Zweck, die Regierungskrise nicht zu einer Präsidentenkrise werden zu lassen, diente es auch in erster Linie, daß sich das Kabinett noch einmal „völlig solidarisch mit dem Reichskanzler" erklärte. Vgl. Akten der Reichskanzlei, ebenda. So auch Stürmer (FN 36), S. 151.

[56] Dieser Sachverhalt wird durch die Äußerung des Zentrumspolitikers Marx bestätigt. In der Ministerbesprechung am 12. 9. 1926 unmittelbar vor der (entscheidenden) Abstimmung ging er davon aus, daß ein Regierungssturz durch einen Mißtrauensbeschluß nicht stattfinden werde, daß aber gleichwohl die Arbeitskraft des Kabinetts vernichtet sei. (Akten der Reichskanzlei [FN 52], Dok. Nr. 363). Die übrigen Teilnehmer an der Besprechung teilten diese Auffassung. Gegen den Vorschlag Marx' zurückzutreten, sprachen sie sich nur deshalb aus, weil noch keine neue Regierung in Sicht war. (Stresemann: „Ich sehe das neue Kabinett nicht, daher müssen wir bleiben." Ebenda.)

zum Rücktritt zu zwingen"[57], und das Mißtrauensvotum wurde als ein Mittel eingesetzt, sich eines Reichskanzlers zu entledigen, der sich nicht den Bedingungen unterwarf, unter denen Koalitionsregierungen im Amt waren.[58] Das bedeutete nicht, daß bei Bedarf keine anderen Mittel zur Verfügung gestanden hätten. Anders ist auch die Erklärung Luthers nicht zu verstehen, der sein Amt praktisch bereits in dem Augenblick zur Disposition stellte, in dem deutlich wurde, daß sein Verhalten in der Koalitionsregierung auf nicht mehr ausräumbare Kritik stieß.

c) Marx III

Dem Mißtrauensvotum gegen die dritte Regierung Marx ging ein Taktieren der von DDP, DVP, BVP und vom Zentrum getragenen Minderheitsregierung voraus, das dem Ziel diente, die Regierungsbasis zu verbeitern. Dabei blieb monatelang unklar, in welcher Form (Regierungsumbildung, „stille" Koalition) dies erfolgen und ob man sich um eine Einbeziehung der SPD oder aber der DNVP bemühen solle — mit all den Implikationen, die damit für die Wirtschafts- und Sozial-, aber auch für die Außenpolitik verbunden waren.[59] Während nun der Reichskanzler — wenn auch vage — Abmachungen mit den Sozialdemokraten traf, verhandelte die mit Ministern in der Regierung vertretene DVP gleichzeitig mit der DNVP. Die dadurch ausgelösten Spannungen verschärften sich weiter, als der Vorsitzende der DVP erklärte, eine Große Koalition (mit der SPD) könne nur ein Gebilde von kurzer Dauer sein und die Volkspartei sehe das Ideal in der Zusammenarbeit aller bürgerlichen Parteien und Kräfte.[60] Die Präferenz für ein Zusammengehen mit der DNVP trat damit offen zutage. In diesem Sinne faßte auch die SPD die Äußerung auf. Sie erklärte, daß sie die mit dem Reichskanzler getroffenen Verabredungen als nicht mehr bestehend ansehe. Damit setzten sich die Kräfte innerhalb der SPD durch, die ohnehin dazu tendierten, eine konsequente Oppositionspolitik zu betreiben und einer Regierungsbeteiligung ablehnend gegenüberstanden. Vor diesem

---

[57] *Stürmer* (FN 36), S. 151.

[58] Es sei darauf hingewiesen, daß schon beim Zustandekommen der Koalition im Januar 1926 die DDP zu erkennen gegeben hatte, daß es ihr am Vertrauen zu dem Kanzler mangelte. Vgl. *Stürmer* (FN 36), S. 143. Luther selbst betonte später mehrfach, daß seine Parteilosigkeit eine entscheidende Rolle bei seinem Sturz gespielt habe. Vgl. *Luther*, Politiker ohne Partei, 1960, S. 412, 418. In diese Richtung geht auch die Wertung von *Haungs*, Reichspräsident und parlamentarische Kabinettsregierung, 1968, S. 110 f., der den Sturz Luthers „teilweise als Revolte der parlamentarischen Routiniers gegen den erfolgreichen ‚Politiker ohne Partei'" interpretiert. Die Flaggenfrage habe nur eine Alibirolle gespielt.

[59] Vgl. zum folgenden zusammenfassend *Haungs* (FN 58), S. 117 ff., und *Stürmer* (FN 36), S. 162 ff.

[60] Vgl. *Stürmer* (FN 36), S. 172.

Hintergrund kam es am 17. 12. 1926 zur Abstimmung über den Mißtrauensantrag der SPD. Er wurde angenommen, weil die DNVP ihn unterstützte, die auf diese Weise Druck ausüben wollte, um „in der Innen-
politik nunmehr ihrerseits zum Zuge (zu) kommen"[61]. Dies gelang letztlich auch: Reichspräsident Hindenburg beauftragte Marx erneut mit der
Regierungsbildung, und die DNVP beteiligte sich an der daraufhin ge-
bildeten Koalitionsregierung.

Ausschlaggebend für die Entstehung und den Verlauf der Krise war
hier nicht ein Koalitionszerfall, sondern die Uneinigkeit innerhalb der
Regierung über eine Verbreitung ihrer Basis und das Verhalten zweier
Parteien (DNVP, SPD), in denen jeweils starke Kräfte auf eine Regierungsbildung drängten. Neu war, daß das Mißtrauensvotum von einer
Seite als Mittel eingesetzt wurde, um den in Gang gekommenen Prozeß zu beschleunigen und eine Klärung herbeizuführen. Eine destabi-
lisierende Wirkung ging von diesem Gebrauch des Mißtrauensbeschlusses gleichwohl nicht aus: Es hatte sich bereits herausgestellt, daß es
nicht zu einer Regierungsbeteiligung der Sozialdemokraten kommen
würde. Der Mißtrauensantrag der SPD verdeutlichte diesen Zustand
lediglich. Die zunehmende Bereitschaft der DNVP, in die Regierung ein-
zutreten, wurde durch das Abstimmungsverhalten der Partei zusätzlich
betont.[62] Nunmehr bestand für die politischen Akteure der Zwang zu
handeln, und innerhalb des in Gang gesetzten Prozesses der Regierungsbildung ließ sich die Öffnung nach rechts leichter vollziehen als
vorher. Stellt sich die Anwendung des Mißtrauensbeschlusses somit im
Ergebnis auch nicht als „destruktiv" dar, so muß man doch sagen, daß
dieses politische Kampfmittel systemfremd eingesetzt wurde. Wenn es
dazu dienen sollte, den Weg zu einer anderen, neuen Regierung frei-
zumachen, konnte es nicht genügen, daß sich eine der Parteien, die den
Mißtrauensbeschluß unterstützt hatten, an der im übrigen im wesentlichen unveränderten Regierung beteiligte.[63]

d) Ergebnis

Im ganzen gesehen bestätigt die Analyse der drei Einzelvorgänge
den Befund, daß die Konstruktion des Art. 54 WRV für die Instabilität
der Reichsregierungen eine nur marginale Rolle gespielt hat. Seine Anwendung ließ lediglich Entwicklungen deutlicher hervortreten, die
außerhalb des von der Bestimmung erfaßten Bereichs lagen.[64] Aus die-

---

[61] *Stürmer* (FN 36), S. 179.

[62] So auch *Haungs* (FN 58), S. 121 f.

[63] Kritisch auch *von Beyme* (FN 35), S. 629 f.

[64] So auch *von Beyme* (FN 35), S. 630: „Der Mißtrauensantrag war eine
Art Aufforderung an die Regierung, sich um eine Erweiterung oder Änderung der Koalition zu bemühen, und bedeutete weder bei Marx noch bei

ser Erkenntnis lassen sich Rückschlüsse auf die Bedeutung von Art. 54 WRV generell ziehen. Nicht ein bevorstehendes Mißtrauensvotum veranlaßte danach Regierungen zurückzutreten.[65] Das Mißtrauensvotum war eben nicht „gleichsam die Rechtsfolge eines Koalitionszerfalls"[66]. Eine solche Betrachtung übersieht, daß in dem Augenblick, in dem die Fraktionen der in der Regierung vertretenen Parteien den Schluß faßten, diese nicht weiter zu unterstützen und „ihre" Minister abzuberufen, die Regierungen am Ende waren. Die Reichskanzler reagierten darauf mit ihrem Rücktritt, weil sie politisch manövrierunfähig geworden waren und ein Verbleiben im Amt nur die Lösung der Krise erschwert hätte.[67] Zusätzliche Anforderungen an das Zustandekommen eines Mißtrauensbeschlusses hätten den Koalitionsmechanismus nicht außer Kraft setzen und Regierungskrisen, die ihrem Inhalt nach Koalitionskrisen waren, nicht vermeiden können.

Die Analyse des historischen Ablaufs rechtfertigt es also nicht, die Ausgestaltung des Vertrauenserfordernisses in Art. 54 WRV als verfehlt anzusehen. Nicht im Verhältnis Parlament — Regierung lag deshalb bei einer Verfassungsneuschöpfung der Schwerpunkt dafür, „Lehren aus Weimar" zu ziehen. Das bedeutet freilich nicht, daß es überhaupt keine strukturellen Mängel in der Weimarer Reichsverfassung gab, die geeignet waren, destabilisierend auf das politische System zu wirken.

5. Strukturelle Mängel in der Weimarer Reichsverfassung

Die heute vorherrschende Auffassung in der Geschichtswissenschaft geht davon aus, daß das Scheitern der Weimarer Republik nicht monokausal auf eine Ursache zurückgeführt werden kann,[68] sondern „daß

Luther ein grundsätzliches Mißtrauen der Mehrheit gegen die Person des bisherigen Regierungschefs und seine Politik."

[65] So aber *Fromme* (FN 1), S. 82, der daraus folgert, „es wäre also das Scheiden einer ganzen Anzahl weiterer Regierungen faktisch den Rücktritten auf Mißtrauensvotum hinzuzurechnen".

[66] So *Fromme*, ebenda.

[67] *Rehn*, Das Mißtrauensvotum nach dem Grundgesetz der Bundesrepublik Deutschland, 1954, S. 13, nimmt demgegenüber an, „daß eine Regierung, sofern sie mit einer Niederlage bei der Abstimmung über einen Mißtrauensantrag rechnen muß, lieber freiwillig zurücktritt, als sich dieser Abstimmung stellt, um darum in aller Öffentlichkeit ein Mißtrauensvotum in Empfang zu nehmen." Diese Erklärung greift zu kurz, weil sie für das Verhalten der politischen Akteure wesentliche Faktoren nicht ausreichend berücksichtigt und die „psychologische" Wirkung, die von einem erfolgreichen Mißtrauensbeschluß ausgeht, überbewertet.

[68] Dazu zuletzt zusammenfassend *Gessner*, Das Ende der Weimarer Republik, 1978, und *Schulze*, Das Scheitern der Weimarer Republik als Problem der Forschung, in: Erdmann / Schulze (Hrsg.), Weimar, 1980, S. 23 ff. *Schulze* gliedert die Belastungsfaktoren der Weimarer Republik in 1. Außen-

der Verfall von Weimar und der Sieg des Totalitarismus in seiner nationalistischen Form eine Anzahl von verschiedenen Gründen hatte, und daß es als höchst problematisch angesehen werden muß, diese Gründe voneinander abzuleiten"[69]. Unter diesen Umständen muß es als problematisch angesehen werden, isoliert die Bedeutung verfassungsstruktureller Mängel zu untersuchen. Daraus resultiert der Vorbehalt, daß die folgenden Überlegungen nicht dem Zweck dienen können, die Bedeutung der Verfassungsstrukturen für das Scheitern Weimars zu ermitteln. Es kann vielmehr lediglich darum gehen, einige Verfassungsbestimmungen zu untersuchen, von denen angenommen wird, daß sie das Funktionieren des parlamentarisch-demokratischen Regierungssystems nachhaltig erschwert haben.[70] In diesem Zusammenhang wird eingegangen auf

— die Stellung des Reichspräsidenten,

— die verfassungsrechtliche Verankerung der Parteien,

— das Wahlsystem.[71]

a) Die Stellung des Reichspräsidenten

Mit dem Reichspräsidenten wurde ein Machtzentrum in die Verfassung eingeführt, das weitgehend selbständig neben den parlamentarischen Einrichtungen stand und diese zugleich in starkem Maße beeinflußte.[72]   In der Weimarer Reichsverfassung war die Position des

---

politische Rahmenbedingungen, 2. Formale Verfassungsordnung, 3. Parteiensystem und Parlamentarismus, 4. Instrumente staatlicher Machtausübung: Militär, Bürokratie, Justiz, 5. Gesellschaft, 6. Wirtschaft, 7. Politisches Denken und 8. Institutionalisierte Kultur.

[69] *Newman,* Multikausale und interdependente Faktoren des Weimarer Verfalls und des totalitären Sieges, in: Staat, Wirtschaft und Politik in der Weimarer Republik, 1967, S. 431 ff. (432). Diesem Ansatz ist auch die bis heute grundlegende Studie von *Bracher* (FN 34) verpflichtet. Vgl. dazu insbesondere die Ausführungen des Autors im Vorwort, S. XIX ff.

[70] Zu den historischen Belastungen des deutschen Parlamentarismus vgl. zusammenfassend *Fraenkel,* Deutschland und die westlichen Demokratien, 1974, S. 11 ff. Weitere Hinweise bei *Gessner* (FN 68), S. 82, Fußnote 17.

[71] Die Liste möglicher verfassungsstruktureller Mängel ist damit natürlich bei weitem nicht erschöpft. Hingewiesen sei nur auf das Föderalismusproblem, das von Beginn der Republik an Gegenstand heftiger Auseinandersetzungen war und das durch die Regelungen in der Weimarer Reichsverfassung nicht gelöst wurde. Literaturhinweise zu diesem Fragenkomplex finden sich bei *Gessner* (FN 68), S. 86 f., in den Fußnoten 34 - 37. Anzumerken ist in diesem Zusammenhang, daß sich Verfassungsreformbestrebungen in der Weimarer Zeit in erster Linie auf das Reich-Länder-Verhältnis richteten. Vgl. z. B. Bund zur Erneuerung des Reiches, Reich und Länder, 1928; *Günther,* Das werdende Reich, 1932; *Herrfahrdt,* Der Aufbau des neuen Staates, 1932; Zum Neubau der Verfassung, 1933; *Schelcher,* Zur Reform der Reichsverfassung, 1928; zusammenfassend *Schulz,* Zwischen Demokratie und Diktatur, 1963.

Reichspräsidenten umfassend geregelt: Eine eigenständige plebiszitäre Legitimation besaß er dadurch, daß er direkt vom Volk gewählt wurde (Art. 41). Er vertrat das Reich nach außen (Art. 45), ernannte und entließ die Reichsbeamten und Offiziere (Art. 46) und hatte den Oberbefehl über die Wehrmacht (Art. 47). Für das Verhältnis zum Parlament und zur Regierung waren von besonderer Bedeutung

— sein Recht, den Reichstag aufzulösen (Art. 25),

— die Befugnis, ein vom Reichstag beschlossenes Gesetz vor seiner Verkündung zum Volksentscheid zu bringen (Art. 73),

— die Befugnis zur Reichsexekution und zum Erlaß von Notverordnungsmaßnahmen (Art. 48)
und vor allem

— das Recht, den Reichskanzler und die Reichsminister zu ernennen und zu entlassen (Art. 53).

Eingeschränkt war die Machtposition dadurch, daß alle Anordnungen und Verfügungen des Reichspräsidenten zu ihrer Gültigkeit der Gegenzeichnung durch den Reichskanzler oder den zuständigen Reichsminister bedurften, die dadurch die Verantwortung übernahmen (Art. 50). Vollkommen selbständig konnte er nach der verfassungsrechtlichen Konstruktion danach nur bei der Auswahl des Kanzlers vorgehen, der aber seinerseits das Vertrauen des Parlaments brauchte.[73]

Unter diesen Voraussetzungen war der Reichspräsident nicht der plebiszitäre Führer, als den Max Weber ihn sich vorgestellt hatte.[74] Er war aber auch nicht der ruhende Pol, von dem ein angemessenes Gegengewicht gegen das Machtzentrum Parlament ausging.[75] Durch ihn wurde kein Gleichgewichtssystem begründet, das elastisch genug war, um Störungen aufzufangen. Zu schwach, um ständig den politischen Ablauf bestimmen zu können, beeinträchtigte er doch die Stellung namentlich des Reichskanzlers in erheblichem Maße. Dieser war immerzu gezwun-

---

[72] Auf die Entstehung der Verfassungskonstruktion und auf ihre theoretische Fundierung kann hier nicht weiter eingegangen werden. Zum ersten Problemkomplex vgl. zusammenfassend *Haungs* (FN 58), S. 22 ff.; ferner *von Beyme* (FN 35), S. 266 ff., und *Lippert* (FN 3), S. 401 ff. Zum Einfluß Max Webers auf die diesbezüglichen Verfassungsbestimmungen vgl. *Mommsen*, Max Weber und die deutsche Politik 1890 - 1920, 1974, S. 356 ff. Zur theoretischen Fundierung s. vor allem *Kaltefleiter*, Die Funktionen des Staatsoberhauptes in der parlamentarischen Demokratie, 1970, S. 130 ff.; ferner *von Unruh*, Verwaltungsrundschau 1980, S. 217 ff. (218 ff.).

[73] Vgl. dazu im 1. Teil unter I.

[74] Vgl. *Weber*, Deutschlands künftige Staatsform (1918), in: derselbe, Gesammelte politische Schriften, 1971, S. 448 ff. (468 ff.); *derselbe*, Der Reichspräsident (1919), S. 498 ff. Dazu *Mommsen* (FN 72), S. 404: „Von der Konzeption des Reichspräsidenten als einer selbständigen politischen Kraft war bloß eine Fassade, ein Anspruch stehengeblieben."

[75] Vgl. *Kaltefleiter* (FN 72), S. 143.

gen, nach beiden Seiten hin zu lavieren, gegenüber dem Parlament (Art. 54 WRV), aber auch gegenüber dem Präsidenten (Art. 53 WRV). Darunter mußte seine Autorität leiden und auch die des Reichstages.[76] Die Möglichkeit, die der Reichspräsident besaß, schlimmstenfalls mit Notverordnungen nach Art. 48 WRV vorzugehen, tat ein übriges, um ein nach parlamentarischen Grundsätzen ablaufendes Krisenmanagement zu verhindern, namentlich dann, wenn ein unmittelbares Zusammenwirken von einzelnen Parteien mit dem Präsidenten stattfand.[77] Mit der Verschärfung der parlamentarischen Situation nahm unter diesen Umständen die Neigung zu, eine Lösung außerhalb des Parlaments zu suchen.[78] Die Tolerierung von Präsidialkabinetten war dann die Konsequenz, und die Frage, ob man die Demokratie erhalten oder in eine Diktatur abgleiten würde, hing von den Fähigkeiten des Präsidenten und davon ab, ob er sich auf Dauer verfassungsmäßig verhielt. Mommsen ist daher zuzustimmen, wenn er feststellt, daß das Schicksal der Weimarer Republik die Problematik der Verfassungskonstruktion des plebiszitären Reichspräsidenten eindringlich erwiesen habe.[79]

---

[76] Vgl. *Mommsen* (FN 72), S. 404. *Bracher,* Demokratie und Machtvakuum: Zum Problem des Parteienstaats in der Auflösung der Weimarer Republik, in: Erdmann / Schulze (Hrsg.), Weimar, 1980, S. 109 ff. (117), spricht in dem Zusammenhang von der ambivalenten Machtstruktur zwischen Parlaments- und Präsidialsystem, deren Ursache in der präsidialstaatlichen Überlagerung der Parlamentsdemokratie zu suchen sei.

[77] Auf die Gefahr, daß das parlamentarische Verantwortungsbewußtsein verlorengehen könnte, weist bereits *Grau,* Die Diktaturgewalt des Reichspräsidenten, HdbDStR II, 1932, S. 274 ff. (292), deutlich hin: „Nur wenn sich die parlamentarischen Parteien bewußt sind, daß auf ihnen die letzte Verantwortung ruht, können sich beim Aufeinanderprallen der Interessen die Fähigkeit zum Kompromiß und der Bildung einer aktionsfähigen Mehrheit finden. Die Eröffnung von Ventilen schläfert das parlamentarische Verantwortungsbewußtsein ein und schafft dem dem parlamentarischen Regime durchaus entgegengesetzten Zustand, daß es eine letzte Verantwortung der dem Parlament verantwortlichen vollziehenden Gewalt hinter der eigenen, der Nation gegenüber bestehenden Verantwortung des Parlaments gibt."

[78] Darauf weist auch *Bracher* (FN 76), S. 117 f., hin.

[79] *Mommsen* (FN 72), S. 407. Die Überlegung *von Beymes* (FN 35), S. 281, steht dieser Einschätzung nicht entgegen. Er bezweifelt, daß der Übergang in den Präsidialkabinetten am Ende der Weimarer Republik die nahezu unausweichliche Folge der plebiszitären Stellung des Präsidenten gewesen sei, und verweist auf die gegenteilige Entwicklung in Finnland. Dort habe der verfassungsloyale Präsident dank seiner starken Stellung die Machtergreifung von rechts oder links verhindern können. Damit wird eingeräumt, daß es von der Persönlichkeit und der Fähigkeit eines Menschen abhängig war, ob sich das Abgleiten in die Diktatur verhindern ließ oder nicht — ein Ergebnis, das nicht das gewollte Resultat einer Verfassungsschöpfung sein kann, die eine Machtverteilung, ein Ausbalancieren der Machtzentren anstrebt. Vgl. in diesem Zusammenhang auch die Untersuchung Eschenburgs über die Anwendung von Art. 48 WRV: *Eschenburg,* Systemzusammenbruch als historisches Phänomen — Weimar, in: Regierbarkeit. Band 2, 1979, S. 101 ff.

b) Die Stellung der Parteien

Die Parteien waren in der Weimarer Reichsverfassung nur unzureichend und noch dazu in einer eher negativ ausgerichteten Weise institutionell verankert. Nur in Art. 130 Abs. 1 WRV taucht der Begriff der Partei auf, und zwar nur in einem ausgrenzenden Sinn, daß die Beamten Diener der Gesamtheit seien, nicht einer Partei.[80] Damit trug die Verfassung in keiner Weise der Bedeutung Rechnung, die die politischen Parteien nunmehr besaßen, nämlich eine bestimmende Rolle im politischen Prozeß zu spielen. Diese Diskrepanz wurde in der zeitgenössischen Literatur z. T. durchaus erkannt. Radbruch stellte z. B. fest: „So bleibt im Blick auf die soziologische Wirklichkeit unseres Staatslebens nichts anderes übrig als anzuerkennen, daß er Parteienstaat ist und trotz aller Reformversuche Parteienstaat bleiben wird. Der Widerspruch dieser demokratischen Wirklichkeit zur demokratischen Ideologie aber kann nur zur Aufforderung dienen, sich auf die der demokratischen Wirklichkeit entsprechende Ideologie zu besinnen — die Ideologie einer nicht individualistischen, sondern kollektivistischen Demokratie ... Noch immer werden die Tatsachen des Parteilebens, wenigstens in den Verfassungen, ignoriert und stellen deshalb auch heute noch zum Teil soziologische Erscheinungen ohne juristischen Begriffswert dar".[81] Nach der Verfassungsstruktur schienen die Parteien aus der Rolle, die sie vor 1918 gespielt hatten — „politischer Zusatz einer Herrschaftsordnung (zu sein), die ihrer nicht zu bedürfen vorgab"[82] — nicht herausgekommen zu sein, und die überwiegende Staatsrechtslehre ordnete sie folglich als eine „extrakonstitutionelle Erscheinung"[83] ein.

Auf das Selbstverständnis der Parteien und ihr Verhalten im politisch-parlamentarischen Raum wirkte sich diese Zuordnung verhängnisvoll aus. Im einzelnen zwar durchaus in unterschiedlichem Maße, aber doch alle in irgendeiner Weise davon geprägt, verstanden sie sich eher als Organisation zur Durchsetzung von Partikularinteressen denn als Institutionen zur Gestaltung und Ausformung des Staatsganzen.[84]

---

[80] Dabei kann sogar fraglich sein, ob der Begriff „Partei" hier nur oder in erster Linie in dem Sinne einer politischen Partei zu verstehen ist. Vgl. dazu *Stürmer* (FN 36), S. 24, Fußnote 27. In der zeitgenössischen Kommentarliteratur wird ohne weiteres davon ausgegangen. Vgl. *Anschütz* (FN 4), Art. 130, Anm. 1; *Giese* (FN 4), Art. 130, Anm. 1 und 2.

[81] *Radbruch*, Die politischen Parteien im System des deutschen Verfassungsrechts, in: HdbDStR I, 1930, S. 285 ff. (288).

[82] *Stürmer* (FN 36), S. 16.

[83] *Triepel*, Die Staatsverfassung und die politischen Parteien, 1928, S. 29 f.

[84] Vgl. *Bracher* (FN 34), S. 58 ff., m. w. N. Bracher weist in dem Zusammenhang auf die politischen Aktivitäten der außerparteilichen Gruppen hin, die verstärkt auf die Durchsetzung von Einzelinteressen hinarbeiteten, ohne ge-

Eine verfassungsrechtliche Verankerung der Parteien[85] hätte zwar nicht mit einem Schlag die Parteien dazu gebracht, sich „von den Schlacken der obrigkeitlichen Tradition zu befreien"[86], der sie ihre spezifische Ausprägung verdankten. Sie hätte aber u. U. dazu beitragen können zu verhindern, „daß sie ihre Aufgabe selbst nicht klar erkannt, auch nach dem Kriege zu ihrer eigentlichen Funktion nicht aufgerufen und sich von ihrer verfehlten Position und Einstellung im Bismarckschen Reich nicht befreit haben"[87].

c) Das Wahlsystem

Ob schließlich auch das Wahlsystem zu den wesentlichen strukturellen Mängeln der Weimarer Reichsverfassung zu zählen ist, kann zweifelhaft sein. In Art. 22 WRV war festgelegt, daß die Abgeordneten in allgemeiner, gleicher, unmittelbarer und geheimer Wahl nach den Grundsätzen der Verhältniswahl zu wählen waren.[88]

Dieses System des Verhältniswahlrechts ist vielfach kritisiert worden, weil es das Aufkommen von Splitterparteien begünstigt und damit die Mehrheitsbildung im Reichstag erschwert habe.[89] Zugleich habe es verhindert, daß sich Veränderungen in der Wählergunst wesentlich auf die Regierungszusammensetzung ausgewirkt hätten.[90] Daraus wird gefolgert, daß das Verhältniswahlrecht zu den gravierenden Ursachen für das Scheitern der Weimarer Republik zu zählen sei.[91]

In einer neueren Untersuchung[92] wurde nun auf der Grundlage umfangreicher Berechnungen und Analysen ermittelt, daß bei Anwendung der 5 %-Sperrklausel, wie sie in dieser Form seit 1956 Bestandteil des Bundeswahlgesetzes ist[93], sich die Mehrheitsverhältnisse im

---

samtstaatliche Verantwortung zu übernehmen. Diese seien durch die unklare Lage der politischen Parteien gestärkt worden. Ihr Handeln sei dadurch erst ermöglicht worden. Vgl. zur Rolle der Parteien auch die Hinweise bei *Gessner* (FN 68), S. 83 ff., Fußnoten 21 - 29.

[85] Nach *Radbruch* (FN 81) wäre sie an drei Stellen geboten gewesen: bei den Vorschriften über den Ursprung der Staatsgewalt, über die Stellung der Abgeordneten und über die Regierung.

[86] *Matthias*, Die Neue Gesellschaft 3 (1956), S. 312 ff. (315).

[87] *Neumann*, Die Parteien der Weimarer Republik, 1973, S. 27. Neumann arbeitet in diesem Buch deutlich heraus, daß es den großen, demokratisch organisierten Parteien nicht gelang — aus einem fehlenden Selbstverständnis heraus und gelähmt durch innere Unbeweglichkeit —, die ihnen zukommende Funktion im Staate wahrzunehmen.

[88] Vgl. dazu *Anschütz* (FN 4), Art. 22, Anm. 1; *Giese* (FN 4), Art. 22, Anm. 4.

[89] Vgl. z. B. *Fromme* (FN 1), S. 158 f., mit weiteren Nachweisen auf S. 158, Fußnote 10.

[90] Vgl. hierzu vor allem *Hermens*, Verfassungslehre, 1968, S. 426 ff.

[91] Vgl. *Hermens* (FN 90) und *Newman* (FN 69), S. 437 f., 441.

[92] *Antoni*, DuR 7 (1979), S. 402 ff.; *derselbe*, ZPal 11 (1980), S. 93 ff.

Reichstag nicht entscheidend verändert hätten; sie wären insbesondere auch für die Regierungskoalitionen kaum günstiger geworden.[94] Auch die psychologische Wirkung einer Sperrklausel — also der Effekt, daß Parteien, die möglicherweise unter die Sperrklausel fallen, eher nicht gewählt werden — hätte danach nicht zu einer Stabilisierung der Regierungen geführt, sondern dazu, daß „sich dann möglicherweise bereits wesentlich früher ein starker rechtsradikaler Block gebildet (hätte), der die Auflösung der bürgerlich-parlamentarischen Republik wesentlich gefördert und der u. U. bereits im Juli 1932 Aussicht auf eine knappe Mehrheit im Reichstag gehabt hätte"[95].

Bereits früher hatte Bracher darauf hingewiesen, daß die Struktur des Weimarer Parteiensystems auf „jene historisch-soziologischen Gründe" zurückzuführen sei „die weder durch wahlrechtstechnische Überlegungen noch durch pseudo-demokratische Kritik am parlamentarischen System überhaupt auszuschalten sind"[96].

6. Ergebnis

Die Untersuchung hat gezeigt, daß eine Auffassung, die die Konstruktion des Art. 54 WRV als entscheidend für die Instabilität des Regierungssystems und damit letztlich für das Scheitern der Weimarer Republik ansieht, nicht aufrechterhalten werden kann. Die Bestimmung war für die häufigen Regierungsstürze und die sich lange hinziehenden Regierungskrisen allenfalls von untergeordneter Bedeutung. Die wesentlichen Ursachen lagen überwiegend außerhalb des von Art. 54 WRV erfaßten und erfaßbaren Bereichs. Da die Norm nicht oder jedenfalls nicht maßgeblich bestimmend für die verhängnisvolle historische Entwicklung bis hin zum Sieg des Faschismus war, bestand keine Veranlassung, bei einer Verfassungsneuschöpfung das Verhältnis zwischen Regierung und Parlament wesentlich zu ändern, insbesondere die Stellung des Parlaments zu schwächen. In Betracht kamen allenfalls Vorkehrungen, um die Regierung vor „Verärgerungsbeschlüssen" der Volksvertretung zu schützen, wie dies typischerweise durch Bestimmungen erreicht wird, die die Einhaltung von Fristen zwischen der Antragstellung und der Abstimmung oder dgl. normieren.

---

[93] Bundeswahlgesetz vom 7. 5. 1956, BGBl. I, S. 383. Dort speziell § 5 Abs. 4.

[94] So *Antoni*, DuR (FN 92), S. 412; *derselbe*, ZParl (FN 92), S. 107.

[95] *Antoni*, DuR (FN 92), S. 414; *derselbe*, ZParl (FN 92), S. 109.

[96] *Bracher* (FN 34), S. 74. Nachdrücklich so jetzt auch *Friesenhahn*, Zur Legitimation und zum Scheitern der Weimarer Reichsverfassung, in: Erdmann / Schulze (Hrsg.), Weimar, 1980, S. 81 ff. (87 f.). Der Autor fordert, die Frage des Wahlrechts bei der Suche nach den Gründen des Scheiterns der Weimarer Republik auszuschalten.

Das Augenmerk bei der Beseitigung verfassungsstruktureller Mängel, die den Bestand des Staates nachhaltig beeinträchtigen könnten
und um die es bei der Schaffung einer neuen Verfassung vorrangig
geht,[97] hätte sich nach 1945 deshalb stärker anderen Gegenständen
zuwenden können, als dies tatsächlich der Fall war.

---

[97] Daneben steht die Bewältigung neuer Probleme unter Berücksichtigung
der gegenwärtigen und erkennbaren künftigen Konstellationen bei der
Schaffung (und auch bei der Reform) einer Verfassung im Mittelpunkt. Vgl.
dazu *Grimm*, AöR 97 (1972), S. 489 ff.; *Kägi*, Die Verfassung als rechtliche
Grundordnung des Staates, 1945; *Scheuner*, Die Funktion der Verfassung für
den Bestand der politischen Ordnung, in: Regierbarkeit, Band 2, 1979,
S. 102 ff.

2. TEIL

Art. 67, 68 GG im Regierungssystem der Bundesrepublik

Mit der Aufnahme der Art. 67 und 68 in das Grundgesetz hat der Parlamentarische Rat verfassungsrechtliches Neuland betreten: Sowohl die Mißtrauensregelung als auch die Bestimmungen darüber, welche Befugnisse Bundestag, Bundeskanzler und Bundespräsident nach einem abgelehnten Vertrauensantrag des Bundeskanzlers haben sollen, waren im historischen und im internationalen Vergleich ungewöhnlich. An dieser Sonderstellung hat sich bis heute im wesentlichen nichts geändert.[1] Eine Analyse ,der beiden Vorschriften im Hinblick auf ihre Bedeutung für die politische Praxis muß von der spezifischen Situation ausgehen, in der sie entstanden. Die Verarbeitung der sog. Lehren von Weimar durch den Grundgesetzgeber hat die Ausgestaltung des Vertrauensprinzips entscheidend geprägt. Die Lösung, die vor dem Hintergrund dieser retrospektiven Betrachtungsweise gefunden wurde, stieß in den ersten Jahren des Bestehens der Bundesrepublik weithin auf Skepsis. Man bezweifelte, ob die Stabilität des politischen Systems über die Sicherung der Regierungsexistenz erreichbar sei und ob das dafür gebrachte Opfer — die Reduzierung der Parlamentsrechte — lohne.[2]

Die geringe Zahl von Regierungskrisen und ihre durchweg rasche Bewältigung in den folgenden Jahren führten dazu, daß die Art. 67 und 68 GG, die bei der Schaffung der Verfassung noch als Kernstück ihres organisatorischen Teils angesehen worden waren, mehr und mehr in den Hintergrund traten: Entweder hielt man die Vorschriften überhaupt für weitgehend irrelevant,[3] oder man glaubte, daß ihre Existenz zur augenscheinlich vorhandenen politischen Stabilität beigetragen habe und nun der erhoffte Zustand erreicht sei.[4] Eine allmähliche

[1] Vgl. *von Beyme*, Die parlamentarischen Regierungssysteme in Europa, 1973, S. 49 ff., 623 ff.; *Friedrich*, DVBl. 1980, S. 505 ff. (505).

[2] Vgl. dazu die Referate und Diskussionen auf den Tagungen der Vereinigung der Deutschen Staatsrechtslehrer im Jahre 1949 zum Thema „Kabinettsfrage und Gesetzgebungsnotstand nach dem Bonner Grundgesetz" (Bericht von *Jellinek*, Mitbericht von *Schneider*, VVDStRL 8, 1950) und im Jahre 1957 zum Thema „Parlament und Regierung im modernen Staat" (Bericht von *Friesenhahn*, Mitbericht von *Partsch*, VVDStRL 16, 1958).

[3] So z. B. *von Mangoldt / Klein*, Das Bonner Grundgesetz, Band II, 1966, Art. 67, Anm. II 2 b - c.

Wende zeichnet sich seit Mitte der sechziger Jahre ab: Folgenschwere politische Ereignisse wie der Rücktritt von Bundeskanzler Erhard im Herbst 1966 und die Bildung der Großen Koalition, das gescheiterte Mißtrauensvotum gegen Bundeskanzler Brandt im Frühjahr 1972 sowie die vorzeitige Auflösung des 6. Deutschen Bundestages im Herbst 1972 haben dazu geführt, daß die Wirkungsweise der beiden Vorschriften erneut ein starkes Interesse gefunden hat.

Jede Untersuchung führt zwangsläufig auf die Haltung des Parlamentarischen Rates zurück, die dieser in der Frage der institutionellen Sicherung des politischen Systems und in dem Zusammenhang speziell zum Verhältnis von Regierung und Parlament eingenommen hat. Davon ist die Ausgestaltung des Vertrauensprinzips im Grundgesetz wesentlich geprägt. Auf die Konzeption des Parlamentarischen Rates wird deshalb zunächst eingegangen.

I. Die Grundkonzeption des Parlamentarischen Rates

Nach 1945 gab es zwischen den maßgeblichen politischen Gruppierungen zunächst beträchtliche Auffassungsunterschiede darüber, wie das Regierungssystem eines künftigen deutschen Staates aussehen solle.[5] Während sie in den Beratungen des Herrenchiemseer Konvents an verschiedenen Punkten noch deutlich zum Ausdruck kamen,[6] traten

---

[4] So z. B. *Schunck*, Staats- und Kommunalverwaltung, 1966, S. 316 f. (317); *Meder*, in: Bonner Kommentar, 1950 ff., Art. 67, Anm. II 7; *Schmid*, Unser aller Grundgesetz? 1971, S. 175.

[5] Dazu grundlegend *Niclauß*, Demokratiegründung in Westdeutschland, 1974, S. 29 ff. Der Autor gruppiert die unterschiedlichen Vorstellungen um die Konzeption der sozialen Mehrheitsdemokratie bzw. der konstitutionellen Demokratie. Die Anhänger der sozialen Mehrheitsdemokratie gingen danach von dem Problem des Verhältnisses von ökonomischer Machtverteilung und politischer Demokratie aus. Die Lösung wurde in einer Erweiterung der Demokratie auf den wirtschaftlichen Bereich gesehen. Der Erreichung dieser Ziele sollte ein möglichst großer Spielraum der Volksvertretung auf dem Feld der Gesetzgebung und gegenüber der 2. Kammer dienen. Träger des Konzepts der sozialen Mehrheitsdemokratie war in erster Linie die SPD. Sie wurde in ihren wirtschaftspolitischen Vorstellungen teilweise von der KPD unterstützt und in der Frage des Staatsaufbaus teilweise von der FDP. Die weniger eindeutige und geschlossene Konzeption der konstitutionellen Demokratie leitete aus der Ablehnung aller „Vermassungstendenzen" die Forderung nach der Überwindung der Spannung zwischen Individualismus und Kollektivismus durch eine politische und soziale Dezentralisation der Gesellschaft ab. Auf der Verfassungsebene schlug sich dies in der Bekämpfung eines „Parlamentsabsolutismus" und der Stärkung institutioneller Gegengewichte nieder. Träger des Konzepts der konstitutionellen Demokratie waren im wesentlichen Christdemokratien und Liberale.

[6] Vgl. *Birke*, ZParl 8 (1977), S. 77 ff. (88 ff.); *Brandt*, Vertrauenserfordernis, Mißtrauensvotum und parlamentarisches Regierungssystem, 1979, S. 132 ff. *Otto*, Das Staatsverständnis des Parlamentarischen Rates, 1971, S. 33 ff., und

sie im Parlamentarischen Rat zurück und machten einer weitgehenden Übereinstimmung Platz. Angestrebt wurden Regelungen, die eine Stabilisierung des politischen Systems bewirkten. Dies glaubte man am ehesten zu erreichen, indem man eine vorhandene Regierung in ihrem Bestand verfassungsrechtlich absicherte. So sollte verhindert werden, daß sich das Schicksal der Weimarer Republik wiederholte.[7] In dem Maße, in dem sich die Ursachenforschung auf eine Kritik an Art. 54 WRV reduzierte, konzentrierte man sich auf die Frage, ob man die Sicherung der Regierungsexistenz soweit treiben solle, daß das parlamentarische System zugunsten einer „Regierung auf Zeit" aufzugeben sei,[8] oder ob es ausreiche, die Anforderungen an das Zustandekommen eines Mißtrauensvotums drastisch zu erhöhen und der Regierung ein Mittel in die Hand zu geben, um das Parlament auflösen zu können, wenn es ihr das Vertrauen versage.[9] Es wurde weder über die zentralen Strukturelemente des parlamentarischen Regierungssystems debattiert noch mehr als beiläufig gefragt, ob das Scheitern der Weimarer Republik tatsächlich wesentlich durch die Ausgestaltung von Art. 54 WRV bedingt war.[10]

Am Ende setzte sich die Auffassung durch, die Abhängigkeit der Regierung vom Vertrauen des Parlaments grundsätzlich bestehen zu lassen, aber zahlreiche Kautelen einzubauen, die die Geltendmachung des Vertrauenserfordernisses beträchtlich erschwerten und u. U. sogar unmöglich machten (Art. 67 GG). Umgekehrt erhielt der Bundeskanzler mit der Vertrauensfrage nach Art. 68 GG ein Mittel, mit dem er Druck auf das Parlament ausüben konnte.

II. Die Ausgestaltung des Vertrauensprinzips im Grundgesetz

1. Keine ausdrückliche Normierung des Vertrauensprinzips

Anders als die Weimarer Reichsverfassung, aber in Übereinstimmung mit den meisten Länderverfassungen,[11] enthält das Grundgesetz keine

---

Niclauß (FN 5), S. 107, nehmen dagegen schon für dieses Stadium an, daß im wesentlichen ein Grundkonsens bestand.

[7] Diese Sichtweise des Parlamentarischen Rates hat *Fromme,* Von der Weimarer Verfassung zum Bonner Grundgesetz, 1960, S. 24 ff., ausführlich beschrieben und analysiert. Vgl. auch *Otto* (FN 6), S. 122 ff., und *Kunert,* JuS 1979, S. 322 ff. (324 f.).

[8] Vgl. dazu *Brandt* (FN 6), S. 142 ff.; *Otto* (FN 6), S. 124 ff.

[9] Vgl. dazu im einzelnen *Brandt* (FN 6), S. 145 ff., 152 f.

[10] Vgl. dazu *Otto* (FN 6).

[11] Vgl. *Brandt* (FN 6), S. 86 ff. Zur Ausgestaltung des parlamentarischen Regierungssystems in den Bundesländern vgl. jetzt *Weis,* Regierungswechsel in den Bundesländern, 1980.

ausdrückliche Normierung des Vertrauensprinzips. Das Vertrauensprinzip findet seinen Ausdruck vielmehr indirekt in verschiedenen Bestimmungen, die es entweder voraussetzen oder näher ausgestalten.

2. Die Wahl des Bundeskanzlers gemäß Art. 63 GG

Art. 63 Abs. 1 GG bestimmt, daß der Bundestag den Bundeskanzler wählt und der Bundespräsident ihn ernennen muß, wenn die absolute Mehrheit der Mitglieder des Parlaments (Art. 121 GG) für ihn gestimmt hat. Vom Vorschlagsrecht abgesehen,[12] besitzt der Bundespräsident hierbei keine Kompetenzen.

Die Regierungsbildung liegt maßgeblich beim Bundestag, der nicht darauf beschränkt ist, anderswo gefallene Entscheidungen zu bestätigen oder ihnen seine Zustimmung zu verweigern. Im Wahlakt liegt der Vertrauensbeweis für den Bundeskanzler.

Nichts anderes gilt, wenn der vorgeschlagene Kandidat nicht gewählt wird. Für diesen Fall sieht Art. 63 Abs. 3 GG vor, daß der Bundestag innerhalb von 14 Tagen mit absoluter Mehrheit einen Bundeskanzler wählen kann. Gelingt dies auch jetzt nicht, hat unverzüglich ein neuer Wahlgang stattzufinden, in dem gewählt ist, wer die meisten Stimmen erhält (Art. 63 Abs. 4 Satz 1 GG). Wird hierbei die absolute Mehrheit erreicht, muß der Bundespräsident den Gewählten ernennen (Art. 63 Abs. 4 Satz 2 GG). Andernfalls kann der Bundespräsident entscheiden, ob er ihn ernennt oder ob er den Bundestag auflöst (Art. 63 Abs. 4 Satz 3 GG).[13] Das Vertrauenserfordernis ist jedesmal gewahrt: Ohne Wahl durch den Bundestag kann niemand Bundeskanzler werden. Nur unter den Voraussetzungen des Art. 63 Abs. 4 Satz 3 GG verfügt der Bundespräsident über eine — zudem auf sieben Tage befristete und auf eine einzige Entscheidungsalternative reduzierte — Handlungsmöglichkeit.

3. Der Zusammentritt des neuen Bundestages gemäß Art. 69 Abs. 2 GG

Art. 69 Abs. 2 GG enthält eine weitere Ausprägung des Vertrauensprinzips. Das Grundgesetz legt zwar nicht die Amtsdauer der jeweili-

---

[12] Vgl. dazu *Stern*, Das Staatsrecht der Bundesrepublik Deutschland I, 1977, S. 767, *Liesegang*, Rdn. 2 zu Art. 63, in: von Münch, Grundgesetz-Kommentar, Band II, 1976, und ausführlich *Lippert*, Bestellung und Abberufung der Regierungschefs und ihre funktionale Bedeutung für das parlamentarische Regierungssystem, 1973, S. 254 ff., sowie *Rausch*, Bundestag und Bundesregierung, 1976, S. 267 f., und *Steiger*, Organisatorische Grundlagen des parlamentarischen Regierungssystems, 1973, S. 232 ff., jeweils m. w. N.

[13] Weitere Einzelheiten s. bei *Stern* (FN 12), S. 768 ff.

gen Bundesregierung fest, nimmt aber mit der Bestimmung des Art. 69 eine gewisse Limitierung vor.[14] Wegen der Abhängigkeit des Bundeskanzlers vom Vertrauen des Parlaments, das ihn gewählt hat, endet sein Amt — und damit auch das der Bundesminister — „in jedem Falle mit dem Zusammentritt eines neuen Bundestages" (Art. 69 Abs. 2, 1 HS.). Irgendwelcher Entlassungsakte bedarf es dabei nicht.[15]

4. Das Mißtrauensvotum gemäß Art. 67 GG

Neben der Wahl des Bundeskanzlers nach Art. 63 GG bildet das Mißtrauensvotum gemäß Art. 67 GG die zweite große Säule, auf der das Vertrauensprinzip im Grundgesetz ruht. Das Parlament kann den Kanzler und mit ihm die ganze Regierung durch einen Mißtrauensbeschluß stürzen. Das ist allerdings nur unter bestimmten, erschwerten Bedingungen möglich, die im folgenden erläutert werden.

a) Die Antragstellung

Während die Verfassung nichts darüber aussagt, wie viele Abgeordnete hinter einem solchen Antrag stehen müssen, um seine parlamentarische Behandlung in Gang zu bringen, bestimmt § 98 Abs. 2 der Geschäftsordnung des Bundestages, daß die Unterstützung von einem Viertel der Mitglieder des Bundestages erforderlich ist. Die Vorschrift sieht weiter vor, daß in dem Antrag ein namentlich benannter Kandidat als Nachfolger zur Wahl vorgeschlagen wird; schließlich, daß Anträge, die den Voraussetzungen von § 98 Abs. 2 Satz 1 GeschOBT nicht entsprechen, gemäß § 98 Abs. 2 Satz 2 GeschOBT nicht auf die Tagesordnung des Bundestages gesetzt werden dürfen.[16] § 98 Abs. 2 GeschOBT bewirkt eine Beschleunigung und Konzentration des Verfahrens, verstärkt andererseits aber auch die Stellung der Fraktionen im Verhältnis zu den einzelnen Abegordneten.[17]

---

[14] *Rausch* (FN 12), S. 269 f., sieht es als den „Normalfall" an, wenn die Bundesregierung über die volle Dauer der Legislaturperiode amtiert. Aus der Konstruktion des Grundgesetzes läßt sich diese Auffassung nicht zwingend ableiten.

[15] Vgl. *Gruber*, Die Stellung des Regierungschefs in Deutschland und Frankreich, 1964, S. 31; *Lippert* (FN 12), S. 422; *von Mangoldt / Klein* (FN 3), Art. 69, Anm. IV 2 b; *Lutz*, Die Geschäftsregierung nach dem Grundgesetz, 1969, S. 18, jeweils m. w. N.

[16] Vgl. dazu *Steiger* (FN 12), S. 270. Zur Auslegung von § 98 GeschOBT s. ferner *Trossmann*, Parlamentsrecht des Deutschen Bundestages, 1977, S. 747 ff. Zum Verfahren insgesamt *Amphoux*, Le chancelier fédéral, 1962, S. 442 ff.

[17] So auch *Lippert* (FN 12), S. 429.

Aus § 98 Abs. 3 Satz 1 GeschOBT folgt, daß dem Bundestag auch mehrere Kandidaten zur Wahl vorgeschlagen werden dürfen. Die Vorschläge müssen in jedem Fall aus der Mitte des Parlaments kommen. Der Bundespräsident darf keine Vorschläge unterbreiten. Für eine entsprechende Anwendung von Art. 63 Abs. 1 GG ist angesichts des klaren Wortlauts der Bestimmung kein Raum.[18] In formeller Hinsicht verlangt § 76 Abs. 1 GeschOBT, daß der Antrag in gedruckter Form an alle Mitglieder des Bundestages, des Bundesrates und an die Bundesministerien verteilt wird.

b) Anforderungen an das Zustandekommen des Mißtrauensvotums

Adressat des Mißtrauensvotums nach Art. 67 GG ist allein der Bundeskanzler. Seine Abberufung vollzieht sich in der Wahl eines Nachfolgers, durch die zugleich in konkludenter Form das Mißtrauen gegen den bisherigen Bundeskanzler ausgesprochen wird.[19] Für die Annahme des Antrages, über den gemäß Art. 67 Abs. 2 GG frühestens 48 Stunden nach Einbringung des Antrages abgestimmt werden darf,[20] ist die Stimmenmehrheit der Mitglieder des Bundestages (Art. 121 GG) erforderlich. Erreicht keiner der Bewerber diese Mehrheit, so ist der Mißtrauensantrag abgelehnt. Weitere Wahlgänge finden nicht statt.[21]

c) Die Folgen eines Mißtrauensvotums

Das Mißtrauensvotum hat nicht unmittelbar zur Folge, daß der Bundeskanzler die Berechtigung zur Amtsführung verliert; es entsteht für ihn auch keine Verpflichtung zurückzutreten. Vielmehr muß der Bundespräsident ihn entlassen und den Gewählten ernennen.[22] Nach Art. 58 Satz 2 GG bedürfen weder die Entlassungsverfügung noch die Ernennungsverfügung der Gegenzeichnung. Sie hätte in beiden Fällen auch keinen Sinn, da eine Übernahme der Verantwortung durch den entlassenen bzw. ernannten Kanzler gerade nicht in Betracht kommt. Die Entlassung des Bundeskanzlers bedeutet zugleich, daß das Amt der Bundesminister endet (Art. 69 Abs. 2 GG).

---

[18] Ebenso *Kleinertz*, Die Stellung des Bundeskanzlers nach dem Bonner Grundgesetz, 1952, S. 150. Vgl. auch *von Mangoldt / Klein* (FN 3), Art. 67, Anm. III 3 b).

[19] Vgl. statt aller *Lippert* (FN 12), S. 424 ff., m. w. N.

[20] Zur Frage der Fristberechnung siehe *von Mangoldt / Klein* (FN 3), Art. 67, Anm. III 5; ferner *Münch*, Die Bundesregierung, 1954, S. 176 f.

[21] Vgl. dazu *von Mangoldt / Klein* (FN 3), Art. 67, Anm. III 3 c). s. ferner das Beispiel bei *Rausch* (FN 12), S. 271 f.

[22] Vgl. *von Mangoldt / Klein* (FN 3), Art. 67, Anm. III 4 a - b); *Lutz* (FN 15), S. 20 f., jeweils m. w. N.

5. Vertrauensvotum und Auflösung des Bundestages
gemäß Art. 68 GG

Art. 68 GG setzt ein Abhängigkeitsverhältnis des Bundeskanzlers vom Parlament voraus. Andernfalls würde es keinen Sinn ergeben, die verschiedenen Handlungsmöglichkeiten und gegebenenfalls Handlungspflichten zu normieren, die für die beteiligten Akteure — Bundeskanzler, Bundestag und Bundespräsident — bestehen, nachdem die Vertrauensfrage verneint worden ist.

a) Die Antragstellung

Ausgangspunkt ist der Antrag des Bundeskanzlers an den Bundestag, ihm das Vertrauen auszusprechen. Nur der Kanzler ist antragsberechtigt, nicht die Regirung insgesamt. Der Regierungschef kann frei darüber entscheiden, ob er den Antrag stellen will oder nicht.[23] Eine bestimmte Form ist nicht erforderlich.[24] Art. 68 Abs. 2 GG, § 103 Abs. 1 GeschOBT schreiben vor, daß zwischen dem Antrag des Bundeskanzlers und der parlamentarischen Abstimmung eine Frist von mindestens 48 Stunden liegen muß.

b) Die Folgen einer Abstimmung über die Vertrauensfrage

Der Vertrauensantrag ist angenommen, wenn ihm die Mehrheit der Mitglieder des Bundestages zustimmt. Der Bundeskanzler ist in diesem Fall weiterhin im Amt. Der Bundespräsident kann den Bundestag nicht auflösen. Aber auch wenn der Antrag nicht die erforderliche Mehrheit findet (Art. 68 Abs. 1 Satz 1, 1. HS GG), behält der Bundeskanzler sein Amt.[25] Es besteht für ihn auch keine Verpflichtung zurückzutreten. Vielmehr besitzt er nun vier Handlungsmöglichkeiten und muß sich entscheiden, nach welcher er verfahren will: Er kann dem Bundespräsidenten vorschlagen, den Bundestag aufzulösen (Art. 68 Abs. 1 Satz 1, 2. HS GG); er kann versuchen, die Bundesregierung zu einem Antrag an den Bundespräsidenten zu bewegen, den Gesetzgebungsnotstand zu

---

[23] Allgemeine Auffassung. Vgl. statt aller *Hamann / Lenz*, Grundgesetz, 1970, Anm. zu Art. 68. Die Freiwilligkeit betont besonders *Küchenhoff*, DÖV 1967, S. 116 ff. (121).

[24] Auch darüber besteht in der Literatur Einigkeit. Indirekt wird die Formfreiheit im übrigen durch § 103 GeschOBT bestätigt, der den Vertrauensantrag gemäß Art. 68 GG regelt und insofern keine Festlegungen enthält.

[25] So besonders deutlich *von Mangoldt / Klein* (FN 3), Art. 68, Anm. III 3 a); *Lippert* (FN 12), S. 457; *Hamann / Lenz* (FN 24). Unzutreffend insofern *Giese / Schunck*, Grundgesetz, 1976, Art. 69 Anm. 2, die von einer Beendigung der Amtszeit „durch Vertrauensversagen gemäß Art. 68" ausgehen.

erklären (Art. 81 Abs. 1 GG); schließlich kann er beides unterlassen und weiterregieren. Außerdem kann er zurücktreten.[26]

Die Handlungsmöglichkeiten liegen jedoch nicht allein beim Bundeskanzler. Der Bundestag besitzt nach der Ablehnung des vom Bundeskanzler gestellten Antrags, ihm das Vertrauen auszusprechen, das Recht, mit der Mehrheit seiner Mitglieder einen anderen Bundeskanzler zu wählen (Art. 68 Abs. 1 Satz 2 GG). § 103 Abs. 2 i. V. m. § 98 Abs. 3 GeschOBT stellt dafür einige weitere Voraussetzungen auf: So ist die Frist auf 21 Tage von der Ablehnung des Vertrauensantrages an begrenzt. Der Antrag, einen anderen Bundeskanzler zu wählen, muß von einem Viertel der Mitglieder des Bundestages gestellt werden. Auch wenn mehrere Wahlvorschläge unterbreitet worden sind, erfolgt die Wahl in einem einzigen Wahlgang, und zwar mit verdeckten Stimmzetteln.

Kommt es nach der Verneinung der Vertrauensfrage zur Wahl eines anderen Bundeskanzlers, Art. 68 Abs. 1 Satz 2 GG, ist der Bundespräsident verpflichtet, den bisherigen Kanzler zu entlassen und den Gewählten zu ernennen.[27] Ein eigenständiges Gestaltungsrecht besitzt der Bundespräsident hierbei nicht. Dies folgt aus der engen Verklammerung von Art. 67 und 68 GG sowie aus Art. 63 und 67 Abs. 1 GG, die vorsehen, daß der Bundespräsident den Bundeskanzler ernennen muß, wenn dieser mit absoluter Mehrheit vom Bundestag gewählt worden ist.[28]

6. Das Vertrauenserfordernis im Verteidigungsfall

Durch die Notstandsgesetzgebung von 1968[29] ist mit Art. 115 h Abs. 2 Satz 2 neben Art. 67 eine weitere Vorschrift in das Grundgesetz eingefügt worden, die den Ausspruch des Mißtrauens gegen den Bundeskanzler normiert. Die Bestimmung lautet: Der Gemeinsame Ausschuß kann dem Bundeskanzler das Mißtrauen nur dadurch aussprechen, daß er mit der Mehrheit von zwei Dritteln seiner Mitglieder einen Nachfolger wählt.

Das zum Ausspruch des Mißtrauensvotums befugte Gremium ist der Gemeinsame Ausschuß, der zu zwei Dritteln aus Abgeordneten des Bundestages und zu einem Drittel aus Mitgliedern des Bundesrates besteht (Art. 53 a Abs. 1 Satz 1 GG). Er hat im Verteidigungsfall

---

[26] Vgl. die Übersicht bei *Maunz* (1959), in: Maunz / Dürig, Grundgesetz, Band 2, Rdn. 3 zu Art. 68.

[27] Ebenso *Lutz* (FN 15), S. 22; *Liesegang* (FN 12), Rdn. 15 zu Art. 68; schon früh *Steinbrenner*, Grundgesetz und Regierungsbildung, 1952, S. 135.

[28] Wie hier *Liesegang* (FN 12), Rdn. 15 zu Art. 68.

[29] 17. Gesetz zur Ergänzung des Grundgesetzes vom 24. 6. 1968 (BGBl. I S. 709).

(Art. 115 a GG) die Stellung von Bundestag und Bundesrat und nimmt deren Rechte einheitlich wahr, wenn er mit einer Mehrheit von zwei Dritteln der abgegebenen Stimmen, mindestens aber mit der Mehrheit seiner Mitglieder feststellt, daß dem rechtzeitigen Zusammentritt des Bundestages unüberwindliche Hindernisse entgegenstehen oder daß dieser nicht beschlußfähig ist (Art. 115 e Abs. 1 GG).

Gemäß Art. 115 g GG ist Bundesratsmitgliedern, also ernannten Regierungsvertretern der Länderregierungen, die Befugnis eingeräumt, am Sturz des Bundeskanzlers mitzuwirken (zu einem Drittel), während in Art. 67 GG allein der Bundestag das Recht zur Abberufung des Bundeskanzlers besitzt.

Die Anforderungen an die zum Ausspruch des Mißtrauensvotums erforderliche Mehrheit sind gegenüber Art. 67 GG weiter gestiegen. Während dort die Mehrheit der Mitglieder des Bundestages das Mißtrauen bekunden muß, sind es hier zwei Drittel der Mitglieder des Gemeinsamen Ausschusses. Geblieben ist als zusätzliche Erschwerung, daß der Ausspruch des Mißtrauensvotums nur durch die gleichzeitige Wahl eines Nachfolgers erfolgen kann. Entfallen ist dagegen das Erfordernis, eine Frist zwischen der Antragstellung und der Abstimmung zu wahren (Art. 67 Abs. 2 GG). Im Gegensatz zu Art. 67 GG ist an dem Mißtrauensvotum nach Art. 115 h GG der Bundespräsident nicht beteiligt.

Eine Vorschrift, die Art. 68 GG entspricht, existiert für den Verteidigungsfall nicht;[30] die Auflösung des Bundestages ist für die Dauer des Verteidigungsfalles ausgeschlossen (Art. 115 h Abs. 3 GG). Damit ist kein Raum für die in Art. 68 GG vorgesehene Möglichkeit, der Auflösung des Bundestages durch die Wahl eines neuen Bundeskanzlers zuvorzukommen (Art. 68 Abs. 1 Satz 2).

III. Die Wirkungsweise der Art. 67, 68 GG in der politischen Praxis der Bundesrepublik

In der Literatur ist umstritten, welche Wirkungen von den Art. 67, 68 GG ausgehen. Die Auseinandersetzungen drehen sich hauptsächlich darum,

— ob man das politische System dadurch stabilisieren kann, daß die Regierung vor parlamentarischen Vorstößen geschützt wird, die auf ihren Bestand zielen,

---

[30] Vgl. *Versteyl*, Rdn. 11 zu Art. 115 h, in: von Münch, Grundgesetz-Kommentar, Band III, 1978.

— welche Auswirkungen auf die Funktionsweise des parlamentarischen Regierungssystems die Regelungen im Grundgesetz haben.

In einem ersten Abschnitt werden die kontroversen Positionen zu diesen Fragen skizziert; anschließend wird die Wirkungsweise der Art. 67, 68 GG in der politischen Praxis analysiert.

1. Literarische Stellungnahmen

Die Befürworter der Art. 67, 68 GG heben als wesentliche Errungenschaft der Grundgesetzbestimmungen hervor, daß durch die Kopplung von Kanzlersturz und Kanzlerneuwahl der Regierungssturz durch das Zusammenwirken von unter sich uneinigen „Flügel-Parteien" oder durch Zufallsmehrheiten verhindert werde.[31] Der sein Amt antretende Kanzler sehe sich nicht sofort durch ein Mißtrauensvotum bedroht.[32] Dies wirke sich positiv auf die Regierungsarbeit aus, deren Kontinuität dadurch auf wünschenswerte Weise verbürgt werde.[33]

Aus der Tatsache, daß der Regierungssturz nach Art. 67 GG nur durch die Wahl eines neuen Bundeskanzlers bewirkt werden kann, folgern einige Autoren, daß auch die Handlungsfähigkeit der Regierung in starkem Maße gesichert werde. Sie gelangen — wenn auch z. T. mit Einschränkungen — auf diese Weise zu einer positiven Beurteilung der Bestimmung.[34] Die Mißtrauensregelung des Grundgesetzes fördere die Kohärenz parlamentarischer Mehrheiten. Dadurch werde der Ausbruch von Regierungskrisen verhindert, und zwar gerade auch dann, wenn umfassende und kontroverse Gesetzgebungswerke zu verabschieden seien.[35] Dagegen argumentieren Kritiker, daß eine Regierung, die sich nicht mehr auf das Vertrauen der Mehrheit des Parlaments stützen, aber wegen des konstruktiven Mißtrauensvotums nicht ge-

---

[31] So *Hermens*, Verfassungslehre, 1968, S. 411; *Hamann / Lenz* (FN 23), Anm. zu Art. 67; *Müller*, Der Rücktritt der Regierung und die Rechtsstellung der Regierung nach der Rücktrittserklärung, 1951, S. 96; *Klemmert*, Die Bildung und Veränderung der Bundesregierung nach dem Bonner Grundgesetz, 1952, S. 163; *Lippert* (FN 12), S. 436; *Sattler*, DÖV 1967, S. 765 ff. (772); *Rehn*, Das Mißtrauensvotum nach dem Grundgesetz der Bundesrepublik Deutschland, 1954, S. 126 f.; etwas einschränkend *Weber*, Spannungen und Kräfte im westdeutschen Verfassungssystem, 1970, S. 23.

[32] *Ellwein*, Das Regierungssystem der Bundesrepublik Deutschland, 1977, S. 302 f. Ähnlich auch *Bracher*, Die Kanzlerdemokratie — Antwort auf das deutsche Staatsproblem?, in: derselbe, Zeitgeschichtliche Kontroversen, 1976, S. 128.

[33] *Müller* (FN 31), S. 96.

[34] *Schunck* (FN 4), S. 317; *Hermens* (FN 31), S. 411 ff.; *Bracher* (FN 32), S. 128; *Rehn* (FN 31), S. 126 f.

[35] *Domes*, Regierungskrisen in Bund und Länder seit 1949 und die Funktion des konstruktiven Mißtrauensvotums, in: Res Publica, 1977, S. 53 ff. (61).

stürzt werden könne, nicht in der Lage sei, ihr politisches Programm zu verwirklichen.[36] Regierungskrisen würden fast ausschließlich durch den Zerfall der Regierungskoalition ausgelöst, und dabei könne Art. 67 GG keinen positiven Einfluß ausüben.[37] Einige Autoren vertreten sogar die Ansicht, die Bestimmung verfestige im Gegenteil eher die Krise, weil der Kanzler dazu neige, am „Sessel zu kleben", ohne daß er die Sache voranbringen könne.[38]

Daneben wird die Relevanz einer verfassungsrechtlichen Absicherung, wie sie in den Art. 67, 68 GG vorgenommen wurde, bezweifelt.[39] Soweit es für die Herbeiführung stabiler Regierungen überhaupt verfassungsrechtliche Hilfen gebe, bestünden sie in der Gestaltung des Wahlrechts[40] und in der Ermöglichung vorzeitiger Neuwahlen[41]. Von Mangoldt hält es für denkbar, daß der Mangel des parlamentarischen Vertrauens gegenüber der bisherigen Regierung offenkundig, sie damit entscheidend geschwächt werde und doch im Amt bleibe. Dies sei dann denkbar, wenn in einer der Abstimmung vorausgehenden Debatte die Gründe für das Mißtrauensvotum dargelegt würden, der vorgeschlagene neue Kandidat aber nicht die erforderliche absolute Mehrheit erhalte.[42]

Zu den Auswirkungen von Art. 67, 68 GG auf die Funktionsweise des parlamentarischen Regierungssystems nehmen die meisten Befürworter der Vertrauensregelung im Grundgesetz nicht Stellung. Es gibt aber einige Äußerungen zu der Frage, ob durch die Art. 67, 68 GG die Abhängigkeit der Regierung vom Vertrauen des Parlaments tangiert wird. Auf die Mißtrauensregelung bezogen, verneint Steiger dies: Art. 67 GG entspreche der in Art. 63 GG angelegten Systematik.[43] Es

---

[36] *Schneider*, Kabinettsfrage und Gesetzgebungsnotstand nach dem Bonner Grundgesetz (Mitbericht), VVDStRL 8, 1950, S. 30; *Steiger* (FN 12), S. 290 ff.; *von Mangoldt / Klein* (FN 3), Art. 67, Anm. II 2 b - c); *Hesse*, Grundzüge des Verfassungsrechts der Bundesrepublik Deutschland, 1980, S. 252 f.; *Friesenhahn*, Parlament und Regierung im modernen Staat (Bericht), VVDStRL 16, 1958, S. 60 ff.; *Rausch* (FN 12), S. 272 f.

[37] *Schneider* (FN 36), S. 30; etwas einschränkend *Steiger* (FN 12), S. 290 ff.; *Friesenhahn* (FN 36), S. 60 ff.; *Franke*, NPL 1974, S. 530 ff. (532); *Glum*, Das parlamentarische Regierungssystem in Deutschland, Großbritannien und Frankreich, 1965, S. 329 ff.; *derselbe*, Kritische Bemerkungen zu Art. 63, 67, 68, 81 des Bonner Grundgesetzes, in: Um Recht und Gerechtigkeit, 1950, S. 47 ff. (55). Teilweise räumen dies auch *Bracher* (FN 32), S. 128, 154, und *Meder*, in: Bonner Kommentar, 1950 ff. Art. 67, Anm. II 7, ein.

[38] So besonders deutlich *Steiger* (FN 12), S. 290 ff.

[39] *von Mangoldt / Klein* (FN 3), Art. 67, Anm. II 2 b- c); *Hesse* (FN 36), S. 252 f.; *Franke* (FN 37), S. 532; *Steiger* (FN 12), S. 290 ff.; *Leicht*, Grundgesetz und politische Praxis, 1974, S. 45 ff. Vgl. auch *Friedrich* (FN 1), S. 506 f.

[40] *Hesse* (FN 36), S. 253.

[41] Ebenda. *Steiger* (FN 12), S. 290 ff.

[42] *von Mangoldt*, Das Bonner Grundgesetz, 1953, Art. 67, Anm. 2.

[43] *Steiger* (FN 12), S. 287.

komme entscheidend darauf an, daß das Parlament seinen positiven Willen äußern könne, wen es als Regierung haben wolle. Diese Anforderung sei im Grundgesetz mit Art. 63 GG erfüllt. Die Verpflichtung für die Regierung, jederzeit durch ein entsprechendes Votum des Parlaments aus dem Amt zu scheiden, sei nicht wesentliches Kriterium der parlamentarischen Demokratie. „Nicht der Entzug des Vertrauens, sondern die Gewährung des Vertrauens durch die gewählte Volksvertretung ist parlamentarische Regierung im Sinne des Grundgesetzes".[44] Zum anderen weist er darauf hin, daß der Bundespräsident bei der Lösung von Regierungskrisen nach Art. 67 GG nicht beteiligt sei. Als Legitimitätsreserve der Bundesregierung diene für den Notfall die Minderheit des Bundestages, nicht der Präsident.[45]

Auch Bracher hält die Aufhebung der Abhängigkeit der Regierung dem Präsidenten gegenüber für ein wesentliches Element der Stärkung der Parlamentsdemokratie im Verhältnis zur „Weimarer Mischform[46]". Das konstruktive Mißtrauensvotum stellt für ihn keine systemverändernde Durchbrechung des parlamentsdemokratischen Prinzips dar. „Eine gewisse Beschränkung des Parlaments wird ausbalanciert durch die gleichermaßen starke Beschränkung des Auflösungsrechts der Regierung, dieser traditionellen Gegenwaffe gegen ein widerspenstiges Parlament".[47]

Ellwein hebt den Einzelaspekt hervor, daß die Ernennung nicht mehr Sache des Präsidenten allein sei.[48] Gehrig schließlich sieht die Konstruktion des Art. 67 GG als „rechtlich-funktionellen Ausdruck des modernen Verständnisses der loyalen parlamentarischen Opposition."[49]

Kritiker der Bestimmungen weisen zum einen darauf hin, daß — durch Art. 67 GG verursacht — die politischen Auseinandersetzungen im Anschluß an Koalitionskrisen verstärkt mit außerparlamentarischen Mitteln ausgetragen würden.[50] Der Kanzlersturz selbst setze ein Intrigenspiel hinter dem Rücken des amtierenden Kanzlers voraus.[51] Damit sei in der Bundesrepublik wieder ein Zustand wie in der frühkonstitutionellen Monarchie erreicht.[52] Weiterhin werden die ungünstigen Auswirkungen auf die politische Bewußtseinsbildung genannt.[53]

---

[44] *Steiger,* ebenda, unter Berufung auf *Amphoux* (FN 16), S. 8.
[45] *Steiger* (FN 12), S. 289.
[46] *Bracher* (FN 32), S. 126. Ebenso *Friedrich* (FN 1), S. 507.
[47] Ebenda.
[48] *Ellwein* (FN 32), S. 303.
[49] *Gehrig,* Parlament — Regierung — Opposition, 1969, S. 279.
[50] *Schneider* (FN 36), S. 30.
[51] *Schneider* (FN 36), S. 29; *von Mangoldt* (FN 42), Art. 67, Anm. 2; *von Beyme* (FN 1), S. 632.
[52] *von Beyme,* ebenda.
[53] *Sattler* (FN 31), S. 772 f.; *Loewenstein,* Verfassungslehre, 1969, S. 94.

Bei Loewenstein verbinden sich diese Überlegungen mit der grund-
sätzlichen, scharfen Kritik an der Grundgesetzregelung: „Indem es die
Skylla der mangelnden Standfestigkeit der Regierung vermied, geriet
das Bonner Regime in die Charybdis des entmachteten Parlaments. In
seiner Substanz ist das Regime ‚demiautoritär', zumindest während
der Dauer der Legislaturperiode, womit gesagt werden soll, daß die
Regierung zwar auf demokratische Weise ins Amt gelangt ist, danach
aber die politische Führung autoritär und ohne jede Begrenzung durch
das Parlament oder die Wählerschaft ausübt".[54]

Andere Bedenken richten sich dagegen, daß das Grundgesetz kein
Mißtrauensvotum gegen den einzelnen Minister zuläßt. Dadurch sei die
parlamentarische Ministerverantwortlichkeit in ihrer Reichweite und
Autorität gemindert.[55] Der Zustand entspreche insofern demjenigen,
wie er nach der Reichsverfassung von 1871 gewesen sei.[56]

Ridder schließlich sieht in Art. 67 GG eine Spätfolge der Diskussion,
ob der Parlamentarismus durch Verkürzung der Parlamentskompe-
tenz zu „retten" sei. Es handele sich dabei um ein absurdes „Problem",
das sich die Anhänger der parlamentarischen Demokratie unter dem
Druck der antiparlamentarisch aufgeputschten öffentlichen Meinung
in der Endphase der Weimarer Republik hätten aufdrängen lassen.[57]

Auf Art. 68 GG bezogen und gestützt auf Überlegungen zu den Vorgängen im Jahre 1972, kritisiert Robert Leicht[58] die Verbindung von
Vertrauens- und Sachfrage und den Einfluß des Bundespräsidenten bei
der Entscheidung, den Bundestag aufzulösen. Diese Vorkehrungen
seien „unfruchtbare Degenerationserscheinungen, welche die Leben-
digkeit des parlamentarischen Systems eher hemmen als fördern"[59].

2. Die parlamentarische Praxis seit 1949

Im Vergleich zur Weimarer Republik sind in der Bundesrepublik
parlamentarische Vorstöße, die auf die Ablösung der Regierung zielten

---

[54] *Loewenstein* (FN 53), S. 931.

[55] *Giese*, DÖV 1957, S. 638 f. (639); *Steiger* (FN 12), S. 292. Daß ein Mißtrauensvotum gegen einzelne Minister unzulässig ist, wird wegen der damit
in Zusammenhang gebrachten Stabilität der Bundesregierung gegenüber dem
Bundestag und im Innenverhältnis teilweise auch von den Kritikern der
Art. 67, 68 GG positiv bewertet. So von *Weber* (FN 31), S. 28, Fußnote 31.

[56] *Steiger* (FN 12), S. 292. Die Haltung des Autors ist insoweit ambivalent,
als er das parlamentarische Prinzip durch die Mißtrauensregelung nicht für
beeinträchtigt hält, aber eine Minderung der Ministerverantwortlichkeit
durch Art. 67 GG konstatiert.

[57] *Ridder*, Die soziale Ordnung des Grundgesetzes, 1975, S. 156, Anm. 10.

[58] *Leicht* (FN 39), S. 50 ff.

[59] *Leicht* (FN 39), S. 58.

oder ihr gegenüber eine Mißbilligung ausdrücken sollten, selten vorgekommen. Nur ein Mißtrauensantrag nach Art. 67 GG wurde eingebracht[60] und — wenn auch knapp — abgelehnt.[61]

Häufiger machte der Bundestag von dem Mittel des Mißbilligungs- bzw. Tadelsantrages Gebrauch, wie aus der folgenden Übersicht hervorgeht:

Mißbilligungs- und Tadelsanträge gegen Bundeskanzler und -minister[a)]

Wahlperiode	Anträge	Davon abgelehnt	Davon angenommen	Auf Verhandlung verzichtet oder durch Ablauf der Wp erledigt
1. Wp.	6	6	0	0
2. Wp.	1	1	0	0
3. Wp.	0	0	0	0
4. Wp.	0	0	0	0
5. Wp.	1	1	0	0
6. Wp.	1	1	0	0
7. Wp.	1	0	0	1
8. Wp.	3	3	0	0
Total	13	12	0	1

a) *Quelle:* 30 Jahre Deutscher Bundestag. 1979. S. 207 ff., und eigene Berechnungen.

Deutlich ist die Häufung in der 1. und — in geringerem Maße — in der 8. Wahlperiode. In keinem einzigen Fall hatte ein solcher Antrag Erfolg. Einmal[62] wurde der Antrag wegen Erkrankung des angegriffenen Ministers nicht auf die Tagesordnung gesetzt. Der Antrag erledigte sich dann durch Ablauf der Wahlperiode. Sonst stellte sich die parlamentarische Mehrheit ausnahmslos hinter das jeweilige Regierungsmitglied.

Als neuartiges parlamentarisches Kampfmittel, dessen Anwendung in der folgenden Übersicht dargestellt wird, erprobte der Bundestag

---

[60] Antrag der CDU/CSU vom 24. 4. 1972. Verhandlungen des Deutschen Bundestages. 6. Wp. 1969. Anlagen. Band 160. Drucksache Nr. 3380.

[61] Mit 247 gegen 10 Stimmen und 3 Enthaltungen (Berliner Abgeordnete: 10 Ja, 1 Nein) am 27. 4. 1972 abgelehnt. Verhandlungen des Deutschen Bundestages, 6. Wp. 1969. StenoBer. Band 79, S. 10 714 C, D.

[62] Antrag betr. Mißbilligung der Entscheidung von Verteidigungsminister Georg Leber, die Generale Krupinski und Franke in den einstweiligen Ruhestand zu versetzen. Verhandlungen des Deutschen Bundestages. 7. Wahlperiode 1972. Anlagen. Band 226. Drucksache Nr. 5858.

das Ersuchen an den Bundeskanzler, dem Bundespräsidenten die Entlassung eines bestimmten Ministers vorzuschlagen.

**Ersuchen an den Bundeskanzler,
dem Bundespräsidenten die Entlassung eines Ministers vorzuschlagen[a]**

Wahlperiode	Anträge	Abgelehnt	Angenommen	Sonst. Erledigung
1. Wp.	2	1	0	1[b]
2. Wp.	1	0	0	1[c]
3. Wp.	0	0	0	0
4. Wp.	1	0	0	1[d]
5. Wp.	1	1	0	0
6. Wp.	0	0	0	0
7. Wp.	0	0	0	0
8. Wp.	0	0	0	0
Total	5	2	0	3

a) *Quelle:* 30 Jahre Deutscher Bundestag. 1979. S. 207 ff., und eigene Berechnungen.

b) Der Antrag wurde von der Tagesordnung abgesetzt und mit Schreiben der Bayern-Partei vom 14. 6. 1951 zurückgenommen.

c) Der Antrag erledigte sich dadurch, daß der Übergang zur Tagesordnung beschlossen wurde.

d) Der Antrag wurde vom Antragsteller als erledigt betrachtet

Wie die Mißbilligungs- bzw. Tadelsanträge führten diese Anträge nicht zum Erfolg.[63]

Zustimmung fand dagegen ein Antrag der Fraktion der SPD vom 31. 10. 1966, in dem der Bundeskanzler aufgefordert wurde, die Vertrauensfrage gemäß Art. 68 GG zu stellen.[64] Diesen Antrag nahm der Bundestag am 8. 11. 1966 mit 255 gegen 246 Stimmen an.[65] Der Beschluß blieb allerdings folgenlos: Der damalige Bundeskanzler Erhard weigerte sich, den Vertrauensantrag zu stellen.

Art. 68 GG gelangte bisher einmal zur Anwendung: In der 197. Sitzung des Bundestages am 20. 9. 1972 stellte der damalige Bun-

---

[63] In einem Fall, dem Antrag gegen den damaligen Verteidigungsminister Strauß, erledigte sich das parlamentarische Verfahren dadurch, daß Strauß am 20. 11. 1962 sein Amt zur Verfügung stellte. (Bis zum 9. 1. 1963 war er noch mit der Wahrnehmung der Geschäfte beauftragt.)

[64] Der Antrag hatte folgenden Wortlaut: „Der Bundeskanzler wird ersucht, dem Bundestag gemäß Artikel 68 des Grundgesetzes alsbald einen Antrag vorzulegen, ihm das Vertrauen auszusprechen." Verhandlungen des Deutschen Bundestages, 5. Wp. 1965. Anlagen. Band 107. Drucksache Nr. 1070.

[65] Verhandlungen des Deutschen Bundestages. 5. Wp. 1965. StenoBer. Band 62, S. 3304 B.

deskanzler Brandt den Antrag nach Art. 68 GG.[66] Darin kam der Terminus „Vertrauen" nicht vor. Dem Bundeskanzler ging es auch nicht darum, daß ihm das Parlament das Vertrauen aussprach; vielmehr sollten über eine Abstimmungsniederlage die Auflösung des Bundestages und Neuwahlen ermöglicht werden.[67] In der Abstimmung wurde der Antrag tatsächlich abgelehnt,[68] und noch am gleichen Tag löste der Bundespräsident das Parlament auf.[69]

In der parlamentarischen Praxis haben sich also Mittel herausgebildet, die dem Bundestag die Möglichkeit geben, der Regierung oder einzelnen Regierungsmitgliedern die Mißbilligung zu bekunden, ohne daß das Verfahren nach Art. 67 GG in Anspruch genommen wurde. Im Rahmen der Entwicklung seit 1949 kam ihnen jedoch keine größere politische Bedeutung zu, weil sich die Parlamentsmehrheit durchweg hinter die Regierung stellte.

Für die Regierungskrisen von 1966 und 1972 gilt dieser Befund nicht uneingeschränkt. Es ist deshalb erforderlich, darauf gesondert einzugehen.

3. Die Regierungskrisen von 1966 und 1972

a) 1966

1966 wurde zum erstenmal deutlich, daß die zur Wahrung der Regierungsstabilität in das Grundgesetz eingebauten Bestimmungen weder verhindern konnten, daß es zu einer Regierungskrise kam, noch eine rasche Überwindung der Krise ermöglichten. Statt dessen erschwerten sie eine Lösung und ließen Zweifel an der Funktionsfähigkeit des parlamentarischen Systems entstehen.

Die Position des damaligen Bundeskanzlers Erhard wurde durch die Niederlage der CDU bei den nordrhein-westfälischen Landtagswahlen, bei denen er sich in erheblichem Maße engagiert hatte, zum erstenmal gravierend erschüttert.[70] Innerhalb der CDU/CSU wurden Forderungen nach einem Führungswechsel laut,[71] die sich im Zusammenhang mit

---

[66] Verhandlungen des Deutschen Bundestages, 6. Wp. 1969. StenoBer. Band 80, S. 11 574 B.

[67] Vgl. dazu *Lange / Richter*, ZParl 4 (1973), S. 38 ff. (46 ff.); *Busch*, ZParl 4 (1973), S. 213 ff.; *Schneider*, JZ 1973, S. 652 ff.

[68] In der 199. Sitzung am 22. 9. 1972 in namentlicher Abstimmung mit 233 gegen 248 Stimmen bei einer Stimmenthaltung. Verhandlungen des Deutschen Bundestages. 6. Wp. 1969. StenoBer. Band 80, S. 11 814 ff.

[69] Verhandlungen des Deutschen Bundestages. 6. Wp. 1969. Anlagen. Band 167, Drucksache Nr. 3831.

[70] *Kaack*, Zur Geschichte und Programmatik der F.D.P., 1976, S. 27, spricht von „einem rapiden Autoritätszerfall des Bundeskanzlers." Vgl. *derselbe*, Geschichte und Struktur des deutschen Parteiensystems, 1971, S. 303 f.

der in der Öffentlichkeit und im Parlament heftig diskutierten sog. Starfighter-Krise[72] rasch verstärkten.[73] Nachdem am 17. 9. 1966 Ludger Westrick, Bundesminister für besondere Aufgaben und Chef des Bundeskanzleramtes, sein Rücktrittsgesuch eingereicht hatte,[74] wurde deutlich, daß Erhard kaum noch über Unterstützung in seiner eigenen Partei verfügte: Es gelang ihm nicht, einen Nachfolger für Westrick zu finden.[75] Parallel zu diesen Vorgängen nahmen die Auseinandersetzungen mit dem Koalitionspartner FDP zu. Vor dem Hintergrund einer sich abzeichnenden Wirtschaftskrise, der ersten ökonomischen Krise in der Geschichte der Bundesrepublik, ging es darum, ob zum Ausgleich des Bundeshaushalts für 1967 die Steuern erhöht werden sollten. Die FDP verlangte den Verzicht auf Steuererhöhungen und schlug statt dessen Einsparungen beim Verteidigungshaushalt vor. Nicht zuletzt aus außenpolitischen Gründen widersetzte sich dem der Bundeskanzler.[76] Einem Kompromiß, dem die der Regierung angehörenden FDP-Minister am 20. 10. 1966 zugestimmt hatten, brachte die FDP-Fraktion zum Scheitern.[77] Sie befürchtete, ein Nachgeben könnte der FDP, wie schon 1961[78] den Ruf einer „Umfall-Partei" einbringen. Am 27. 10. 1966 erklärten die FDP-Minister ihren Rücktritt. In der Situation hätte es die Möglichkeit gegeben, daß SPD und FDP sich auf einen gemeinsamen Kanzlerkandidaten geeinigt und einen Mißtrauensantrag gegen Erhard eingebracht hätten. Zu diesem Schritt konnten sich die beiden Parteien vor allem aber deshalb nicht entschließen, weil nicht sicher war, ob alle Abgeordneten der FDP für den sozialdemo-

---

[71] Auf die innerparteilichen Schwierigkeiten weist *von Beyme* (FN 1), S. 800, hin.

[72] Vgl. Antrag der Fraktion der SPD betr. Ersuchen an den Bundeskanzler auf Entlassung des Bundesverteidigungsministers Kai-Uwe von Hassel vom 14. 9. 1966, Verhandlungen des Deutschen Bundestages. 5. Wp. 1965. Anlagen. Band 100. Drucksache Nr. 915.

[73] Vgl. *Loewenberg*, Parlamentarismus im politischen System der Bundesrepublik Deutschland, 1969, S. 311 f.

[74] s. dazu im einzelnen 30 Jahre Deutscher Bundestag, 1979, S. 197, Fußnote 1.

[75] Vgl. *Loewenberg* (FN 73), S. 312; *Kaack*, Geschichte und Struktur des deutschen Parteiensystems (FN 70), S. 305. *Hübner / Oberreuter*, Parlament und Regierung, 1977, S. 13, sehen in erster Linie interne Faktoren im Binnenverhältnis der regierenden Mehrheit als Ursachen der Krise. Verstärkend hätten externe Faktoren (wirtschaftliche Rezession, außenpolitische Situation, Ergebnisse einiger Landtagswahlen) gewirkt.

[76] Vgl. *Kaack*, Geschichte und Struktur des deutschen Parteiensystems (FN 70), S. 305 f.; *Rupp*, Politische Geschichte der Bundesrepublik Deutschland, 1978, S. 104.

[77] Vgl. *Loewenberg* (FN 73), S. 312; *Kaack*, Geschichte und Struktur des deutschen Parteiensystems (FN 70), S. 306.

[78] Im Wahlkampf hatte sie erklärt, sie werde in keine Regierung eintreten, in der Adenauer erneut Bundeskanzler sei, dies anschließend aber doch getan.

kratischen Kandidaten stimmen würden. Angesichts der knappen Mehrheitsverhältnisse war ein geschlossenes Abstimmungsverhalten aber nötig, um die absolute Mehrheit nicht zu verfehlen.[79] Eine Mehrheit, die bereit und in der Lage war, nach dem Sturz der bisherigen Regierung sofort die Regierungsverantwortung zu übernehmen, gab es also nicht. Art. 67 GG gelangte nicht zur Anwendung, die Regierung Erhard blieb zunächst weiter im Amt. Daß sie aber eine Mehrheit im Parlament gegen sich hatte, zeigte sich an dem von SPD und FDP getragenen Beschluß, Erhard möge die Vertrauensfrage stellen.[80] Die Krise konnte nicht ihren parlamentarischen Ausdruck finden; nach der Konstruktion des Grundgesetzes gab es sie gar nicht, da der Kanzler mit allen rechtlichen Befugnissen im Amt war.[81] Sie mußte sich deshalb „*hintenrum*[82] zur Geltung bringen, und sie griff dabei immer weiter um sich. Zum amtierenden Kanzler trat der verhandelnde Kanzlerkandidat, jeder sprach mit jedem — nur regieren tat keiner".[83] Dieser Zustand wäre vermieden worden, wenn das Grundgesetz ein nicht an die Wahl eines Nachfolgers gebundenes Mißtrauensvotum ermöglicht hätte.[84] In dem Fall hätten SPD und FDP den bisherigen Regierungschef gestürzt, und im Anschluß daran wäre ein Nachfolger gesucht worden. Die CDU/CSU hätte sich bei der parlamentarischen Abstimmung hinter Erhard stellen können und wäre nicht gezwungen gewesen, einen Kandidaten zu suchen, während Erhard noch im Amt war.

Gegen diese Beurteilung wendete sich Lippert.[85] Die Regelung des Art. 67 GG habe gerade die staatliche Kontinuität gewahrt. Die Voraussetzungen dieser Bestimmung hätten es Erhard erlaubt, im Amt zu bleiben und seinen Rücktritt von dem Zustandekommen einer neuen Mehrheitsregierung abhängig zu machen. Dadurch sei die Regierungsbildung beschleunigt worden. Lippert selbst konzediert, daß der Kanzlerwechsel nicht im Verfahren gemäß Art. 67 GG abgewickelt werden konnte.[86] Das wäre vielleicht noch tolerierbar, wenn das Vorhandensein der Bestimmung für eine rasche Überwindung der Krise gesorgt hätte. Das Gegenteil war aber der Fall: Sie stand dabei im Wege. Die Konstruktion von Art. 67 GG hinderte die CDU/CSU daran, an der

---

[79] Vgl. die Entwicklung der Mehrheitsverhältnisse während der 5. Wahlperiode in: 30 Jahre Deutscher Bundestag (FN 74), S. 190.

[80] Verhandlungen des Deutschen Bundestages. 5. Wp. 1965. StenoBer. Band 62, S. 3304 B.

[81] So auch *Böckenförde*, AöR 92 (1967), S. 253 f. (253).

[82] Hervorhebung im Original. E. B.

[83] *Böckenförde* (FN 81), S. 253 f.

[84] So auch *Leicht* (FN 39), S. 47.

[85] *Lippert* (FN 12), S. 444 ff.

[86] *Lippert* (FN 12), S. 445.

Ablösung Erhards „im Rahmen der ordentlichen parlamentarischen Prozeduren mitzuwirken".[87] SPD und FDP bildeten, nachdem sich herausgestellt hatte, daß sie zu einer gemeinsamen Regierungsbildung (noch) nicht imstande waren, jene „destruktive" Mehrheit, deren Zustandekommen Art. 67 GG gerade verhindern soll.[88] Ein Ausweg konnte erst gefunden werden, als der parteiinterne Druck Erhard dazu brachte, zurückzutreten. Die Lösung ging damit ebenso am Parlament wie an dem vom Grundgesetz vorgezeichneten Weg vorbei. Die von Lippert hervorgehobene Kontinuität, basierend auf der bis zuletzt verfassungsrechtlich starken Position Erhards, existierte in der politischen Wirklichkeit also nicht. Dafür, daß sie der Form nach gewahrt werden konnte, mußten extrakonstitutionelle Lösungen gefunden werden, die zudem nicht-öffentlich waren.

b) 1972

1972 wurde erneut sichtbar, daß Art. 67 GG die ihm zugedachte Rolle als Instrument zur Verhinderung bzw. Überwindung von Regierungskrisen nicht zu erfüllen vermochte. Erst über einen dem Sinn des Art. 68 GG zuwiderlaufenden Gebrauch dieser Bestimmung wurde es möglich, einen Ausweg aus der Krise zu finden.

Bis zum 27. 4. 1972 verlief die Entwicklung so, wie es der Konstruktion des Grundgesetzes entsprach. Die nach der Bundestagswahl von 1969 bestehende Stimmenmehrheit von 254 zu 242 zugunsten der Koalition von SPD und FDP hatte sich durch den Fraktionswechsel von Abgeordneten so weit verringert,[89] daß im April 1972 die Mehrheitsverhältnisse unklar geworden waren.[90] Der nach Art. 67 GG eingebrachte Mißtrauensantrag scheiterte aber daran, daß die erforderliche absolute Mehrheit für den Antrag von CDU/CSU nicht erreicht wurde.[91] Nach der Konstruktion von Art. 67 GG hätte nunmehr die Krise beendet sein müssen, da die bisherige Regierung weiterhin im Amt blieb und nach wie vor alle verfassungsrechtlichen Befugnisse besaß. Aber schon einen Tag später zeigte es sich, daß die Regierungskrise keineswegs gelöst war, sondern — was die politische Handlungsfähigkeit betraf — erst richtig begann, als der Einzelplan 04 (Geschäftsbereich des Bundeskanzlers und des Bundeskanzleramtes) des Haushaltsplans 1972 in namentlicher Abstimmung mit 247 : 247 Stimmen abgelehnt wurde.[92] Damit wurde offenbar, daß weder Regierung

---

[87] *Leicht* (FN 39), S. 47.

[88] So auch *Leicht* (FN 39), S. 46 f.; *Rausch* (FN 12), S. 273.

[89] Vgl. die Übersicht in: 30 Jahre Deutscher Bundestag (FN 74), S. 191.

[90] Vgl. *Lange / Richter* (FN 67), S. 38; *Rupp* (FN 76), S. 164.

[91] Verhandlungen des Deutschen Bundestages. 6. Wp. 1969. StenoBer. Band 79, S. 10 714 C, D.

noch Opposition im Bundestag über eine Mehrheit verfügten: Es bestand eine parlamentarische Patt-Situation.[93]

Sie führte zwar nicht dazu, daß die Regierung überhaupt nicht mehr politisch handlungsfähig war, denn nur bestimmte politische Vorgänge bedürfen der parlamentarischen Billigung bzw. sind auf die Verabschiedung durch den Bundestag angewiesen, so z. B. völkerrechtliche Verträge, die die politischen Beziehungen des Bundes regeln oder sich auf Gegenstände der Bundesgesetzgebung beziehen (Art. 59 Abs. 2 Satz 1 GG), das Zustandekommen von Bundesgesetzen (Art. 76 ff. GG) und namentlich die Feststellung des Haushaltsplans (Art. 110 GG). Es handelt sich dabei aber um die Vorgänge, die für ein längerfristiges politisches Handeln essentiell sind. Im übrigen kann mit der Ablehnung von Regierungsvorlagen jederzeit die Schwäche der amtierenden Regierung demonstriert werden.[94]

Die Ratifikation der Ostverträge (Verträge mit der Sowjetunion und mit Polen) am 17. 5. 1972 widerspricht dieser Beurteilung der parlamentarischen Patt-Situation nicht. Die beiden Verträge sprengten den Rahmen des normalen politischen Agierens und der sich darin abspielenden politischen Auseinandersetzungen zwischen Regierung und Opposition: Auch innerhalb von CDU/CSU gab es Befürworter der Verträge;[95] die Stimmenthaltung der meisten Abgeordneten der Opposition bei der entscheidenden Abstimmung spiegelt diese Situation wider.[96] Aus dem Vorgang läßt sich also nicht ableiten, daß die Regierung generell handlungsfähig war. Ihre Handlungsfähigkeit lag vielmehr nach wie vor unterhalb der Schwelle, die ein längeres Weiterregieren ermöglicht hätte.[97] Daß dies auch von den politischen Akteuren in der damaligen Situation so gesehen wurde, zeigt sich daran, daß sich nach der Ratifikation der Verträge die Überlegungen ganz darauf konzentrierten, wie man Neuwahlen herbeiführen könne.[98] Die politischen Akteure sahen in der Lage in Art. 67 GG kein geeignetes Instrument mehr, um die Regierungskrise zu überwinden. Nur so ist das Verhalten der CDU/CSU zu verstehen, die zwar keine verbindliche Erklärung abgab, aber durchblicken ließ, daß sie den Weg hin zu Neuwahlen nicht versperren würde,[99] obwohl sich die Mehrheitsverhältnisse im

---

[92] Verhandlungen des Deutschen Bundestages. 6. Wp. 1969. 184. Sitzung vom 28. 4. 1972, StenoBer. S. 10 787 ff.

[93] Vgl. *Müller*, ZParl 3 (1972), S. 275 ff. (282 f.); *Leicht* (FN 39), S. 42 f.; *Lange / Richter* (FN 67), S. 43.

[94] So auch *Müller* (FN 93), S. 291.

[95] Vgl. *Lange / Richter* (FN 67), S. 45.

[96] Vgl. *Lange / Richter*, ebenda.

[97] So auch *Steiger* (FN 12), S. 290 f.

[98] Vgl. *Lange / Richter* (FN 67), S. 45.

Bundestag weiter zu ihren Gunsten verändert hatten.[100] Offenbar herrschte die Auffassung vor, daß selbst ein Erfolg bei einem Vorgehen nach Art. 67 GG „zu keinem sinnvollen politischen Ergebnis" geführt hätte.[101]

Erst durch die Auflösung des Bundestages und die Durchführung von Neuwahlen konnte im Spätherbst 1972 die Krise überwunden werden. Allerdings bedurfte es einer Anwendung des Art. 68 GG, die dem Sinn der Bestimmung zuwiderlief: Mit dem Antrag des Bundeskanzlers[102] war von seiten der Regierung nicht beabsichtigt, im Parlament eine neue Mehrheit zu suchen.[103] Vielmehr sollte die Anwendung der Bestimmung dazu dienen, „durch die Einleitung des Auflösungsverfahrens und die Durchführung von Neuwahlen"[104] wieder klare und tragfähige Mehrheiten zu finden. Störend wirkte dabei allerdings „die negative Optik des Verfahrens" nach Art. 68 GG,[105] die die Regierungsparteien dazu zwang, jedenfalls teilweise dem Bundeskanzler die Unterstützung zu versagen, um zu gewährleisten, daß sein Antrag tatsächlich abgelehnt und auf diese Weise Neuwahlen möglich wurden. Unter den konkreten historischen Bedingungen des Jahres 1972 erwies sich Art. 68 GG als ein relativ flexibles Instrument zur Bewältigung der Regierungskrise. Diese Bedingungen dürfen allerdings nicht außer acht gelassen werden, wenn es darum geht zu prüfen, ob die aus den damaligen Ereignissen gewonnenen Erkenntnisse verallgemeinerungsfähig sind. Sie bestanden darin,

— daß die Parteien übereinstimmend Neuwahlen wollten,[106]

— daß der Bundeskanzler die erforderlichen Schritte zur Auflösung des Bundestages unternahm und

— daß auch der Bundespräsident sofort dem Wunsch des Bundeskanzlers entsprach, den Bundestag aufzulösen.[107]

---

[99] Vgl. *Lange / Richter* (FN 67), S. 41 ff.

[100] Vgl. dazu die Übersicht in: 30 Jahre Deutscher Bundestag (FN 74), S. 191.

[101] *Leicht* (FN 39), S. 43.

[102] Verhandlungen des Deutschen Bundestages. 6. Wp. 1969. StenoBer. Band 80, S. 11 574 B.

[103] Dies wird schon daran deutlich, daß sich nicht alle Abgeordneten von SPD und FDP an der Abstimmung über den Antrag des Bundeskanzlers beteiligten. Vgl. *Busch*, ZParl 4 (1973), S. 213 ff. (214).

[104] *Busch* (FN 103), S. 216.

[105] *Busch* (FN 103), S. 214. Vgl. auch die drastische Kennzeichnung bei *Rausch* (FN 12), S. 274. Um von vornherein den Eindruck zu vermeiden oder jedenfalls nicht zu stark werden zu lassen, als gehe es dem Bundeskanzler um ein Vertrauensvotum für sich, wurde in der Antragstellung das Wort „Vertrauen" nicht benutzt.

[106] Vgl. dazu *Busch* (FN 103), S. 214; *Brandt*, ZfP 24 (1977), S. 350 ff. (360); *Leicht* (FN 39), S. 421, jeweils m. w. N.

4. Ergebnis

Die politische Entwicklung seit 1949 zeigt, daß in der Bundesrepublik ein beträchtliches Maß an politischer Stabilität erreicht worden ist. Die Absicht des Parlamentarischen Rates, über die Sicherung der Regierungsexistenz zu politisch beständigen Verhältnissen zu gelangen, scheint also verwirklicht worden zu sein. Jedoch erweist die Analyse der parlamentarischen Praxis seit 1949 sowie der Regierungskrisen von 1966 und 1972, daß dazu die Regelung in Art. 67 GG nicht konstitutiv beigetragen hat. In den beiden Situationen, in denen die Bestimmung sich hätte bewähren können, hat sie vielmehr eine „negative" Politik begünstigt und die Überwindung der Krisen eher erschwert als erleichtert.

Bei zahlreichen Gelegenheiten zeigte es sich überdies, daß es der zusätzlichen Anforderungen, deren Erfüllung das Zustandekommen eines Mißtrauensvotums voraussetzt, nicht bedurfte, um die Regierungen im Amt zu halten: Kein einziger der 13 Mißbilligungsanträge und nicht eines der fünf Ersuchen an den Bundeskanzler, dem Bundespräsidenten die Entlassung eines bestimmten Ministers vorzuschlagen, erhielt die erforderliche Unterstützung durch die (einfache) parlamentarische Mehrheit. Wenn sich aber schon die Parlamentsmehrheit hinter ein angegriffenes Regierungsmitglied stellte, obwohl ein derartiger Beschluß keine rechtlichen Folgen für den Betroffenen gehabt hätte, dann kann man davon ausgehen, daß sie ein Mißtrauensvotum mit Abgangspflicht erst recht abgewehrt hätte. Dies gilt namentlich auch für die 1. Wahlperiode des Bundestages, in der allein sechs Mißbilligungsanträge gestellt wurden. In noch stärkerem Maße als während der Weimarer Republik zeigte es sich, daß sich sehr wohl Mehrheiten bilden, um Mißtrauensanträge abzuwehren. Die Obstruktionshaltung, die der Parlamentarische Rat schon irrtümlich als kennzeichnend für die parlamentarische Situation zwischen 1919 und 1933 angenommen hatte, gab es in der Bundesrepublik zu keiner Zeit.

In der Krisensituation von 1966 verhinderten die hohen Anforderungen von Art. 67 GG das Zustandekommen eines Mißtrauensvotums und damit den Sturz der Regierung Erhard durch einen Parlamentsbeschluß. Die Krise wurde dadurch aber keineswegs gelöst; vielmehr schwelte sie weiter und konnte nur auf der Parteiebene — unter Umgehung des Parlaments — überwunden werden.

1972 stellte sich heraus, daß eine weitere Erwartung nicht in Erfüllung ging, die mit Art. 67 GG verbunden war: Die Ablehnung eines konstruktiven Mißtrauensvotums bedeutete keineswegs zugleich die

---

[107] Vgl. *Lange / Richter* (FN 67), S. 67; *Busch* (FN 103), S. 214.

Wiederherstellung der vollen Handlungsfähigkeit der Regierung. Den Kanzler unbedingt im Amt halten zu wollen, erwies sich als nachteilig.

Die erhöhten Anforderungen an das Zustandekommen eines parlamentarischen Mißtrauensvotums haben also in diesen Fällen keinen positiven Einfluß auf die politische Stabilität auszuüben vermocht. Die Reduzierung parlamentarischer Kompetenzen im Grundgesetz, die auf einer einseitigen und in wesentlichen Punkten fehlerhaften Beurteilung der Weimarer Entwicklung durch den Parlamentarischen Rat beruht, hat somit durch die bisherige Geschichte der Bundesrepublik keine nachträgliche Rechtfertigung gefunden. Die Mißtrauensregelung des Grundgesetzes trägt deshalb unnötig zur Entmachtung des Parlaments bei. Der Verlust der Parlamentskompetenzen wird nicht dadurch ausgeglichen, daß der Bundestag gemäß Art. 63 GG den Bundeskanzler wählt. Die Einwirkungsmöglichkeit der Volksvertretung ist auf den einmaligen Wahlakt zu Beginn der Wahlperiode beschränkt. Personelle Konsequenzen aus bereits betriebener und praktizierter Politik zu ziehen, ist auf diese Weise nicht möglich. Im übrigen beschränkt sich das Wahlrecht des Bundestages auf die Person des Bundeskanzlers. Die Bundesminister werden dagegen auf Vorschlag des Bundeskanzlers vom Bundespräsidenten gemäß Art. 64 Abs. 1 GG ohne Mitwirkung des Parlaments ernannt. Sie sind also ganz dem direkten Zugriff des Parlaments entzogen.

Der gemeinsame Wille aller beteiligten Akteure — Regierung, Parlament, Präsident —, über die vorzeitige Auflösung des Bundestages Neuwahlen herbeizuführen und dadurch zu einem Ausweg aus der Regierungskrise zu gelangen, führte bei dem bisher einzigen Anwendungsfall des Art. 68 GG dazu, daß die Bestimmung als brauchbares Instrument zur Überwindung von Krisen erschien. Die Präponderanz des Parlaments setzte sich durch; die Anwendung von Art. 68 GG bewirkte, daß parlamentarische Instanzen die maßgeblichen Schritte zur Lösung des Problems tun konnten. Das hätte aber nicht zwangsläufig so sein müssen. Deshalb bedarf es an dieser Stelle noch weiterführender Überlegungen. Nach der gewollten Ablehnung des Antrages nach Art. 68 Abs. 1 Satz 1, 1. Halbsatz GG war der Bundespräsident nicht verpflichtet, den Bundestag aufzulösen. Gemäß Art. 68 Abs. 1, Satz 1, 2. Halbsatz GG lag es in seinem Ermessen („kann"), innerhalb von einundzwanzig Tagen dem entsprechenden Antrag des Bundeskanzlers nachzukommen.[108] Der Bundespräsident hätte also den Vorschlag des Bundeskanzlers zurückweisen und damit die parlamentarische Patt-Situation verlängern können. Damit hätte er die Opposition ermuntern können, über die Anwendung von Art. 68 Abs. 1 Satz 1 GG einen ande-

---

[108] Ausführlich behandelt *Leicht* (FN 39), S. 54 ff., das Problem.

ren Bundeskanzler zu wählen. U. U. hätte er auch die Möglichkeit gehabt, den Bundeskanzler praktisch zum Rücktritt zu zwingen, wenn er nämlich sowohl seinen Auflösungswunsch als auch einen etwaigen Antrag, mit Zustimmung des Bundesrates gemäß Art. 81 Abs. 1 GG den Gesetzgebungsnotstand zu erklären, abschlägig beschieden hätte. Gerade in einer kritischen Situation wird dem Bundespräsidenten somit ein politischer Handlungsspielraum eingeräumt, den er sonst nicht besitzt. Das erinnert an die Weimarer Reichsverfassung, die generell eine doppelte Abhängigkeit des Reichskanzlers vom Vertrauen des Reichspräsidenten und des Reichstages vorsah. In Art. 68 GG wiederholt sich diese Konstruktion. Die unkontrollierte Gestaltungsmöglichkeit des parlamentsexternen Verfassungsorgans kann bewirken, daß die Lösung den parlamentarischen Instanzen aus der Hand genommen und das parlamentarische Regierungssystem insgesamt geschwächt wird. Verfassungspolitisch vorzuziehen wäre deshalb eine Lösung, die den Bundespräsidenten an den Vorschlag des Bundeskanzlers bände, und ihm ein politischer Entscheidungsspielraum nicht zukäme.[109]

---

[109] In diese Richtung geht auch der Vorschlag *Leichts* (FN 39), S. 59.

3. TEIL

Folgerungen für die Auslegung der Art. 67, 68 GG

In den beiden vorangegangenen Teilen der Arbeit ist ermittelt worden, daß

— entgegen der bisher vorherrschenden Auffassung in Art. 54 WRV nicht die wesentliche Ursache für die Instabilität der Weimarer Reichsregierungen gefunden werden kann,

— deshalb für den Parlamentarischen Rat keine Veranlassung bestand, die Position der Regierung und namentlich des Bundeskanzlers in einem so erheblichen Maße zu stärken, wie dies insbesondere in den Art. 67 und 68 GG geschehen ist,

— Art. 67 GG nicht die Entstehung von Krisensituationen verhindern bzw. zu ihrer raschen Überwindung beitragen konnte,

— die politischen Akteure 1966 und 1972 vielmehr gezwungen waren, eine Lösung im außerparlamentarischen Raum bzw. in einer der Intention der Vorschrift zuwiderlaufenden Anwendung von Art. 68 GG zu suchen.

Das Opfer, das der Parlamentarische Rat mit der Beschneidung der Parlamentsrechte gebracht hat, fördert eine Entwicklung, die Kräften außerhalb des parlamentarischen Bereichs Auftrieb gibt und die deshalb geeignet ist, das parlamentarische Regierungssystem insgesamt zu schwächen.

Eine Konsequenz aus dieser Erkenntnis könnte sein, auf der verfassungspolitischen Ebene Überlegungen anzustellen, in welcher Weise die entsprechenden Bestimmungen des Grundgesetzes geändert werden müßten, um eine Positionsverbesserung der Volksvertretung zu erreichen. Denkbar wäre es, derartige Überlegungen bis hin zur Formulierung neuer Verfassungsbestimmungen bzw. zur Entwicklung von Vorschlägen zur Änderung der jetzigen Grundgesetzvorschriften voranzutreiben.[1] Abgesehen davon, daß die Realisierung derartiger Vorschläge mehr als unwahrscheinlich ist, stellt sich die Frage, ob man

---

[1] Vorschläge dieser Art finden sich z. B. bei *Lippert*, Bestellung und Abberufung der Regierungschefs und ihre funktionale Bedeutung für das parlamentarische Regierungssystem, 1973, S. 487, und bei *Leicht*, Grundgesetz und politische Praxis, 1974, S. 49, 59, 65.

nicht generell Verfassungsänderungen gegenüber größtmögliche Zurückhaltung wahren sollte, um den Rang und die Wirksamkeit der Verfassung nicht zu erschüttern.[2]

Der Verzicht auf die Formulierung von Verfassungsreformvorschlägen bedeutet nun nicht, daß die gewonnenen Befunde folgenlos bleiben müssen. Im Zusammenhang mit der Auslegung der Art. 67, 68 GG können sie vielmehr dann eine Rolle spielen, wenn es darum geht, die Handlungsmöglichkeiten zu ermitteln, die das Parlament für Vorstöße gegen die Regierung außerhalb des von den beiden Vorschriften determinierten Bereichs besitzt, oder wenn es bei der Interpretation der Art. 67, 68 GG erforderlich wird, ihre Einbettung in das parlamentarische Regierungssystem mit zu berücksichtigen. Vor diesem Hintergrund werden im folgenden einige der Fragen aufgegriffen, denen hier eine Bedeutung zukommen kann.

I. Die Zulässigkeit einfacher Mißbilligungsbeschlüsse

Kurze Zeit nach dem Inkrafttreten des Grundgesetzes beschäftigte sich die Vereinigung der Deutschen Staatsrechtslehrer mit der Frage, ob sog. einfache Mißbilligungsbeschlüsse zulässig seien.[3] Ohne im einzelnen zwischen dem Bundeskanzler, den einzelnen Bundesministern und der Bundesregierung insgesamt zu differenzieren, betonte Hans Schneider die Zulässigkeit von allgemeinen oder speziellen Tadelsbeschlüssen des Bundestages, die jedoch nicht zur Folge hätten, daß die davon Betroffenen zurücktreten müßten.[4] Zur Begründung wies er einmal darauf hin, daß sich der Bundestag ohnehin nicht werde hindern lassen, dem Kanzler seine Mißbilligung auszudrücken.[5] Zum anderen hob er hervor, es liege in der Natur des parlamentarischen Gedankens, Kritik an der Regierung zu üben; ein Verbot würde auf die Aufgabe des parlamentarischen Prinzips selbst hinauslaufen.[6]

In der sich anschließenden Diskussion stimmte Walter Jellinek[7] der Auffassung ausdrücklich zu, daß schlichte Mißbilligungsbeschlüsse des Bundestages zulässig seien.[8] Im Gegensatz dazu hat vor allem Fritz

---

[2] Zu diesem Problemfeld vgl. *Brandt*, ZfP 24 (1977), S. 350 ff. (352 ff.).

[3] Auf der Tagung am 20. und 21. 10. 1949.

[4] *Schneider*, Kabinettsfrage und Gesetzgebungsnotstand nach dem Grundgesetz (Mitbericht), VVDStRL 8, 1950, S. 28 f. und 53 (Leitsatz I 2).

[5] *Schneider* (FN 4), S. 29.

[6] Ebenda.

[7] Er hatte den Bericht zu dem Thema „Kabinettsfrage und Gesetzgebungsnotstand nach dem Grundgesetz" geliefert. Vgl. VVDStRL 8, 1950, S. 3 ff.

Münch[9] die Auffassung vertreten, „daß jeder andere Mißtrauensantrag
nach bisherigem Muster unzulässig ist, also vom Präsidenten des Bundestages gar nicht aufgenommen werden" dürfe.[10] Er begründete seine
Ansicht damit, daß es kaum dem Sinne des Grundgesetzes entspreche,
das die bestehende Regierung stärken wolle, wenn man ein allgemeines
Mißtrauensvotum zulasse.[11]

Der überwiegende Teil der Lehre ist der Auffassung Schneiders ge-
folgt,[12] doch ist die Frage nach wie vor kontrovers.[13] Vor allem der
Versuch Sattlers, zu einer differenzierten Haltung zu kommen,[14] gibt
Anlaß, das Problem erneut zu überdenken. Sattler geht davon aus, daß
ein Antrag, ganz allgemein die Politik des Bundeskanzlers und seiner
Regierung zu mißbilligen, auf jeden Fall in einem so starken Maße den
Charakter eines politischen Kampfmittels besitze, daß die Annahme
eines derartigen Antrages nur als Bekundung des Mißtrauens gegenüber Kanzler und Regierung verstanden werden könne. Ein derartiges
allgemeines Mißbilligungsvotum werde niemals ohne Einfluß auf den
Bestand der Regierung bleiben können. Die Notwendigkeit, Art. 67 GG
so auszulegen, daß er einen möglichst wirksamen Schutz gegen einen
Regierungssturz biete, führe deshalb dazu, ein allgemeines Mißbilligungsvotum für unzulässig zu halten.[15] Ein spezielles Mißbilligungsvotum gegen den Bundeskanzler und seine Regierung sei dagegen zulässig, wenn es nicht als Zeichen einer prinzipiellen Ablehnung gewer-
tet werden könne.

Einem solchen Beschluß komme in der Regel auch nicht in so starkem
Maße die Eigenschaft eines schwerwiegenden politischen Angriffs zu.[16]
Mit Art. 67 GG seien deshalb nur Mißbilligungsvoten unvereinbar, die
sich auf die Haltung des Kanzlers in einer Frage von grundsätzlicher
politischer Bedeutung oder auf sein Vorgehen in einer Angelegenheit
von besonderem, „hochpolitischem" Charakter bezögen.

---

[8] Kabinettsfrage und Gesetzgebungsnotstand nach dem Grundgesetz (Aussprache), S. 65.

[9] *Münch,* Die Bundesregierung, 1954, S. 178 ff.

[10] *Münch* (FN 9), S. 178.

[11] *Münch* (FN 9), S. 179 f. Ähnlich vorher schon *Schätzel,* Die Neue Verwaltung 2 (1949), S. 21.

[12] Vgl. die Nachweise bei *von Mangoldt / Klein,* Das Bonner Grundgesetz,
Band II, 1966, Artikel 67 Anm. IV 1 - 2, und bei *Lippert* (FN 1), S. 426 (insbesondere in den Fußnoten 13 und 14).

[13] Der Streitstand ist dokumentiert bei *Steiger,* Organisatorische Grundlagen des parlamentarischen Regierungssystems, 1973, S. 273 ff., und bei
Obermaier, Die schlichten Parlamentsbeschlüsse nach dem Bonner Grundgesetz, 1965.

[14] *Sattler,* DÖV 1967, S. 765 ff. Ihm folgend *Steiger* (FN 13), S. 277.

[15] *Sattler* (FN 14), S. 769 f.

[16] *Sattler* (FN 14), S. 770.

Wie bereits mehrfach dargelegt,[17] unterscheidet sich die Stellung, die das Grundgesetz dem Bundeskanzler einräumt, beträchtlich von der der Bundesminister. Es erscheint deshalb geboten, die Diskussion über die Zulässigkeit von parlamentarischen Aktionen, die eine Mißbilligung ausdrücken, hinsichtlich der Maßnahmen und der davon Betroffenen jeweils gesondert zu führen.

1. Mißbilligungsbeschlüsse gegen den Bundeskanzler

Die Frage nach der Zulässigkeit von einfachen Mißbilligungserklärungen gegen den Bundeskanzler läßt sich nicht mit dem Hinweis beantworten, das Parlament werde tatsächlich immer Mittel und Wege finden, seine Mißbilligung auszudrücken. Es geht gerade darum festzustellen, ob das Grundgesetz derartige Bekundungen — neben dem Mißtrauensvotum nach Art. 67 GG — rechtlich gestattet.

Der Wortlaut des Art. 67 GG deutet darauf hin, daß der Ausspruch der Mißbilligung nur in der in dieser Vorschrift vorgesehenen Form zulässig ist. Insbesondere weist das Wort „nur" (Art. 67 Abs. 1 Satz 1 GG) auf den ausnahmslosen Ausschluß aller anderen Möglichkeiten hin. In die gleiche Richtung zielt § 98 GeschOBT, dessen Ziffer 2 Satz 2 sogar bestimmt, daß Anträge, die nicht den zuvor normierten — in der Frage der Antragsberechtigung gegenüber Art. 67 GG noch verschärften — Anforderungen[18] entsprechen, nicht auf die Tagesordnung gesetzt werden dürfen. Bei § 98 GeschOBT handelt es sich aber lediglich um eine Bestimmung, die das in Art. 67 GG nur allgemein geregelte Verfahren näher ausgestaltet und somit auf die Vorschrift des Grundgesetzes zurückweist. Das Problem kann deshalb nicht mit Überlegungen zur Geschäftsordnung des Bundestages gelöst werden.

Die Entstehungsgeschichte von Art. 67 GG läßt keine eindeutigen Schlüsse zu, auch wenn die Mehrzahl der Abgeordneten des Parlamentarischen Rates, die sich zu der Frage äußerten, Mißbilligungsbeschlüsse neben dem Mißtrauensvotum des Art. 67 GG nicht ausschließen wollten.[19]

Kriterien zur Lösung des Problems lassen sich finden, wenn man die Stellung von Art. 67 innerhalb des VI. Abschnitts des Grundgesetzes und den mit dieser Vorschrift verfolgten Zweck betrachtet. Dabei wird deutlich, daß Art. 67 GG den Grundsatz des parlamentarischen Regierungssystems, wonach die Regierung des Vertrauens des Parlaments

---

[17] Vgl. im 2. Teil unter II.

[18] Vgl. im 2. Teil unter II. 4.

[19] Vgl. dazu *Brandt*, Vertrauenserfordernis, Mißtrauensvotum und parlamentarisches Regierungssystem, 1979, S. 149 ff.

bedarf, nicht beseitigt.[20] Die Bestimmung stellt nur für die Bekundung des Mißtrauens, die die Ablösung des Amtsinhabers zur Folge hat, besondere Voraussetzungen auf. Lediglich der Regierungssturz soll erschwerten Erfordernissen unterliegen, um einer Instabilität des politischen Systems vorzubeugen. Da die befürchtete Instabilität ausschließlich mit der Ablösung der Regierung durch ein — die Regierung rechtlich bindendes — Votum des Bundestages in Verbindung gebracht wird, erstrecken sich die Beschränkungen der parlamentarischen Handlungsfreiheit auch nur auf solche Akte des Parlaments, die diese Wirkung besitzen. Alle anderen Erklärungen, Beschlüsse usw. sind dagegen zulässig.[21] Sie ziehen jedoch für den Bundeskanzler keine Verpflichtung nach sich zurückzutreten und begründen für den Bundespräsidenten auch nicht das Recht, die Entlassung auszusprechen.[22] Für eine Unterscheidung zwischen generellen und speziellen Mißbilligungsvoten ist deshalb kein Raum. Im übrigen dürfte eine solche Unterscheidung kaum durchzuführen sein, denn jede noch so spezielle Mißbilligungserklärung gegen den Bundeskanzler besitzt auch eine allgemeine politische Bedeutung.

Erfolgreiche Mißbilligungsbeschlüsse stellen eine Warnung für den Bundeskanzler dar, die ihn zur Änderung seiner Politik veranlassen kann, will er nicht das Risiko eingehen, daß der Bundestag demnächst zu der schärferen Waffe eines Mißtrauensvotums nach Art. 67 GG greift. Abgelehnte Tadelsanträge vermögen das Kräfteverhältnis zwischen Regierung und Regierungspartei(en) auf der einen Seite und der parlamentarischen Opposition auf der anderen Seite zu verdeutlichen.

2. Mißbilligungsbeschlüsse gegen einzelne Bundesminister

Im Grundgesetz findet sich zu der Frage der Zulssigkeit von Mißbilligungserklärungen gegen einzelne Minister keine ausdrückliche Regelung. Zwei — einander entgegengesetzte — Auffassungen sind denkbar:

Man könnte daraus, daß in Art. 67 GG nur der Bundeskanzler erwähnt ist, den Schluß ziehen, gegenüber Bundesministern seien Miß-

---

[20] Diesen Zusammenhang betont *Pilz*, Gesellschaft — Staat — Erziehung, 1968, S. 317 ff.

[21] Ähnlich wie hier *Erich Rehn*, Das Mißtrauensvotum nach dem Grundgesetz für die Bundesrepublik Deutschland, 1954, S. 73 ff.; *Liesegang*, Rdn. 10 zu Art. 67, in: von Münch, Grundgesetz-Kommentar, Band II, 1976.

[22] Darin liegt ein wesentlicher Unterschied etwa im Vergleich zu Großbritannien. Dort begründet zumindest die Abstimmungsniederlage in wesentlichen Fragen — „vital questions" —, in denen eine Mißbilligung entweder ausdrücklich oder konkludent zum Ausdruck gebracht wird, die Pflicht für den Premierminister zurückzutreten. Vgl. dazu *Brandt* (FN 19), S. 12 f.

trauensvoten ohne jede Einschränkung zulässig. Es läßt sich aber auch
annehmen, Art. 67 bezwecke die völlige Konzentration der parlamentarischen Verantwortung auf den Bundeskanzler; Bundesminister könnten also keinen Mißtrauenserklärungen ausgesetzt werden. Aus Art. 63,
64 Abs. 1, 65, 69 Abs. 1 und 2 GG ergibt sich, daß die Bundesminister
trotz parlamentarischer Verantwortlichkeit in ihrer Amtsdauer nicht
vom Vertrauen des Bundestages, sondern nur vom Vertrauen des Bundeskanzlers abhängig sind.[23] Diese Auffassung wird durch eine Analyse
der Entstehungsgeschichte des Art. 67 GG bestätigt. Es war einhellige
Auffassung im Herrenchiemseer Konvent und im Parlamentarischen
Rat, daß das „Herausschießen" einzelner Minister verhindert werden
sollte.[24] Der Opposition soll nur die Möglichkeit bleiben, die ganze
Regierung über ein Mißtrauensvotum gemäß Art. 67 GG zu stürzen,
nicht aber, „die Regierung durch einen Teil-Angriff gegen einen einzelnen Minister zu erschüttern oder gar zu sprengen"[25].

Mißbilligungsbeschlüsse stellen aber — für sich gesehen — keine
unmittelbare Gefahr für den Bestand der Regierung dar.[26] Eine Einschränkung der aus Art. 65 Satz 2 GG resultierenden Verantwortlichkeit gegenüber dem Bundestag ist deshalb insoweit nicht erforderlich.[27]
Die Kontrollrechte des Parlaments schließen ein, daß es „sein Mißfallen
gegenüber den von einem Bundesminister bezeigten politischen Haltung in jeder geeigneten und angemessenen Form zum Ausdruck bringen kann"[28]. Das Ergebnis der Kritik kann auch eine Mißbilligungserklärung sein.[29]

Die Relevanz von Mißbilligungserklärungen gegen Bundesminister
liegt darin, daß auf den betroffenen Minister, darüber hinaus aber auch
auf die gesamte Regierung, ein politischer Druck ausgeübt wird. Insbesondere muß sich der Bundeskanzler darüber klarwerden, ob es oppor-
tun ist, einen solchen Minister im Kabinett zu belassen.[30]

---

[23] Einhellige Auffassung. Vgl. *von Mangoldt / Klein* (FN 12), Art. 67, Anm.
III 2 b); *Kröger*, Die Ministerverantwortlichkeit in der Verfassungsordnung
der Bundesrepublik Deutschland, 1972, S. 157; *Steiger* (FN 13), S. 325 ff.;
grundlegend schon früh *U. M.* (anonym), AöR 76 (1950/51), S. 338 ff. (339).

[24] Vgl. dazu *Brandt* (FN 19), S. 148 f.

[25] *U. M.* (anonym) (FN 23), S. 339.

[26] Darauf weist zutreffend *Kröger* (FN 23) hin.

[27] So auch *Steiger* (FN 13), S. 326 f.

[28] *U. M.* (anonym) (FN 23), S. 339 f.

[29] Herrschende Meinung. Vgl. *U. M.* (anonym) (FN 23), S. 339 f.; *Sellmann,*
Der schlichte Parlamentsbeschluß, 1968, S. 87 f.; *Steiger* (FN 13), S. 325 ff.;
Kröger (FN 23), S. 157; ausführlich *von Mangoldt / Klein* (FN 12), Art. 67,
Anm. IV 1 und 3, mit Aufzählung von Fällen aus der Verfassungspraxis. Zu-
stimmend hier auch *Sattler* (FN 14) S. 770, Fußnote 29.

[30] Vgl. die bei *Friesenhahn*, Parlament und Regierung im modernen Staat
(Bericht), VVDStRL 16, 1958, S. 9 ff. (59), genannten Beispiele.

3. Einfache Mißbilligungsbeschlüsse
gegen die Bundesregierung insgesamt

Aus den bisherigen Ausführungen ergibt sich bereits, daß der Bundestag auch der Bundesregierung insgesamt seine Mißbilligung aussprechen kann. Im Hinblick auf Mißbilligungsbeschlüsse besitzt das Kabinett keine eigenständige Rechtsstellung, die es vor derartigen parlamentarischen Vorstößen schützt.

4. Die Streichung des Ministergehalts aus dem Haushaltsplan

Um die Mißbilligung gegenüber einzelnen Bundesministern zum Ausdruck zu bringen, wird die Streichung des Ministergehalts aus dem Haushaltsplan als ein indirektes Mittel weithin für zulässig gehalten.[31]

Einem derartigen Vorgehen steht jedoch entgegen, daß die Mitglieder der Bundesregierung gemäß § 1 Bundesministergesetz zum Bund in einem öffentlich-rechtlichen Amtsverhältnis stehen und gemäß § 11 Abs. 1 des Gesetzes einen Anspruch auf Amtsbezüge besitzen. Diesen Anspruch kann der Bundestag nicht zunichte machen, solange das Amtsverhältnis nicht beendet wird. Ein Beschluß, durch den das Ministergehalt aus dem Haushaltsplan gestrichen wird, ist deshalb unzulässig.[32]

5. Das Ersuchen an den Bundeskanzler, dem Bundespräsidenten die Entlassung eines bestimmten Ministers vorzuschlagen

Die Zulässigkeit eines Ersuchens an den Bundeskanzler, dem Bundespräsidenten die Entlassung eines bestimmten Ministers vorzuschlagen, wird von einem Teil der Lehre mit der Begründung verneint, durch ein solches Entlassungsvotum würde Art. 67 GG umgangen.[33]

Demgegenüber ist wiederum auf die rechtliche Irrelevanz eines solchen Parlamentsbeschlusses hinzuweisen, der dem Bundeskanzler hin-

---

[31] Vgl. *U. M.* (anonym) (FN 23), S. 339; *Kröger* (FN 23), S. 158; *Maunz* (1964), in: Maunz / Dürig, Grundgesetz, Band 2, Rdn. 4 zu Art. 65.

[32] So auch *Steiger* (FN 13), S. 327.

[33] So *Sellmann* (FN 29), S. 89: „Das Wesentliche an ihnen (den Entlassungsvoten. E. B.) ist ..., daß sie ... im Ergebnis die Amtsenthebung eines Ministers herbeiführen sollen; sie sollen letztlich die gleiche Wirkung wie ein Mißtrauensvotum gegen einen einzelnen Minister haben. Unverbindlich gewollte Entlassungsvoten widersprechen deshalb ... dem Sinn der Art. 64, 67, 68 und 69 GG, da sie geeignet sind, die Geschlossenheit des Kabinetts zu beeinträchtigen." Noch deutlicher *Kröger* (FN 23), S. 157: „Wenn es dem Bundestag durch die Regelung des Art. 67 GG verwehrt ist, einzelnen Ministern das Mißtrauen auszusprechen, kann er auch nicht befugt sein, über den Umweg von Entlassungsvoten ihre Amtsenthebung zu erreichen." Im Ergebnis ebenso *Junker*, Die Richtlinienkompetenz des Bundeskanzlers, 1965, S. 81.

sichtlich der Zusammensetzung seines Kabinetts weiterhin freie Hand läßt. Der Schutzbereich von Art. 67 GG wird nicht verletzt; die Zulässigkeit von Entlassungsvoten ist deshalb zu bejahen.[34]

II. Weitere Streitfragen im Zusammenhang mit Art. 67 GG

Die Auseinandersetzung um die Auslegung von Art. 67 GG beschränkt sich nicht auf die Frage, ob noch Raum für Mißbilligungsbeschlüsse oder ähnliche parlamentarische Aktionen bleibt. Die daneben bestehenden Kontroversen drehen sich im wesentlichen um die Handlungsmöglichkeiten bzw. Handlungspflichten, die bei der Anwendung des Art. 67 GG bestehen. Die folgenden Überlegungen sollen zur Klärung der hier vorhandenen Probleme beitragen.

1. Die Folgen für das Verfahren nach Art. 67 GG, wenn der Bundeskanzler zurücktritt

Sucht der Bundeskanzler um seine Entlassung nach, bevor der Mißtrauensantrag gestellt wird, entstehen keine Probleme: Es gibt keinen Adressaten für ein Mißtrauensvotum mehr, so daß Art. 67 GG nicht eingreift. Das weitere Verfahren vollzieht sich ausschließlich nach Art. 63 GG.[35]

Schwieriger ist der Fall zu beurteilen, wenn der Bundeskanzler nach der Stellung des Mißtrauensantrages zurücktritt. Dazu kann es kommen, weil gemäß Art. 67 Abs. 2 GG zwischen dem Antrag und der Abstimmung 48 Stunden liegen müssen und der Bundeskanzler durch die Rücktrittserklärung seine politisch-parlamentarische Verantwortlichkeit sofort beenden kann.

Entscheidend ist hier, daß mit der Einbringung des Mißtrauensantrags ein parlamentarisches Verfahren in Gang gebracht worden ist, das geeignet ist, die Regierungskrise durch die Wahl eines neuen Bundeskanzlers zu beenden. Würde man das Verfahren nach Art. 67 GG abbrechen und nunmehr Art. 63 GG anwenden, hätte dies eine Verzögerung zur Folge.[36] Der Bundespräsident müßte dem Bundestag nach Art. 63 Abs. 1 GG einen Vorschlag unterbreiten. Hinsichtlich der Mehrheitsanforderungen ergeben sich zwischen dem Mißtrauensvotum (Art. 67 Abs. 1 Satz 1 GG) und den Wahlgängen nach Art. 63 Abs. 2 und 3

[34] Ebenso *von Mangoldt / Klein* (FN 12), Art. 67, Anm. 3; *Liesegang* (FN 21), Rdn. 8 und 10 zu Art. 67.

[35] So auch *Münch* (FN 9), S. 177; ihm folgend *Lippert* (FN 1), S. 429.

[36] So auch *Münch* (FN 9), S. 178; *Lippert* (FN 1), S. 429 f.

GG keine Unterschiede. Erst nach Ablauf von 14 Tagen reduzieren sich die Anforderungen bei der Kanzlerwahl gemäß Art. 63 Abs. 4 GG. Die Weiterführung des Verfahrens nach Art. 67 GG verdient also den Vorzug. Diesem Ergebnis steht nicht entgegen, daß das Amtsverhältnis des Bundeskanzlers zwar noch vorhanden, die parlamentarische Verantwortlichkeit aber bereits durch die Rücktrittserklärung beendet ist,[37] denn das Mißtrauensvotum nach Art. 67 GG besteht in der Wahl eines Nachfolgers. Deshalb ist es unerheblich, ob nach Beginn des Verfahrens (also nach Antragstellung) der Bundeskanzler noch in einer politisch-parlamentarischen Beziehung zum Bundestag steht oder nicht.

2. Die Zulässigkeit einer Aussprache über den Antrag nach Art. 67 Abs. 1 GG

Im Gegensatz zu Art. 63 Abs. 1 GG, der vor der Wahl des Bundeskanzlers eine Aussprache untersagt, enthält Art. 67 GG keine vergleichbare Regelung. Meder[38] folgert daraus, daß eine Debatte stattfinden dürfe. Dieser Auffassung ist im Ergebnis zuzustimmen, jedoch mit einer anderen Begründung. Bei der Mißtrauenserklärung gemäß Art. 67 GG handelt es sich um einen Vorgang, bei dem allein parlamentarische Gremien beteiligt sind.[39] Es ist normal und entspricht parlamentarischen Gepflogenheiten, daß die Beteiligten (vor allem die Antragsteller und der Bundeskanzler) ihre Ansicht darlegen und begründen, bevor die Abstimmung stattfindet.[40]

Die Aussprache führt nicht dazu, daß der Lauf der 48-Stunden-Frist nach Art. 67 Abs. 2 GG unterbrochen wird oder nach der Debatte von vorne beginnt.[41] Andernfalls könnte die Entscheidung durch immer neue Diskussionen längere Zeit hinausgeschoben werden.[42] Die Debatte ist ein Teil der Überlegungen, die innerhalb der Frist angestellt werden sollen.[43]

---

[37] Abweichend *Münch* (FN 9), S. 178, der davon ausgeht, daß der Kanzler noch im Amt sei und der Antrag deshalb noch „einen Gegenstand" habe.

[38] In: Bonner Kommentar, 1950 ff., Art. 67, Anm. II 2.

[39] Anders ist die Situation bei der Wahl gemäß Art. 63 GG, da hier über einen Vorschlag des Bundespräsidenten abgestimmt wird. Vgl. *Lippert* (FN 1), S. 431.

[40] So auch *Maunz* (1959) (FN 31), Rdn. 5 zu Art. 67; *Lippert* (FN 1), S. 431. Im Ergebnis ebenso *von Mangoldt / Klein* (FN 12), Art. 67, Anm. III 3 b); *Meder* (FN 38), Art. 67, Anm. II 2; *Liesegang* (FN 21), Rdn. 4 zu Art. 67. Nicht ganz deutlich *Münch* (FN 9), S. 176.

[41] So aber *Meder* (FN 38), Art. 67, Anm. II 2.

[42] Dies hebt auch *Münch* (FN 9), S. 176, hervor.

[43] So auch *Münch* (FN 9), S. 177; ihm folgend *Lippert* (FN 1), S. 431.

3. Die Verpflichtung des Bundespräsidenten
zur Einhaltung einer bestimmten Frist bei der Entlassung
des alten und der Ernennung des neuen Bundeskanzlers

Art. 67 Abs. 1 Satz 2 GG bestimmt, daß der Bundespräsident dem Ersuchen des Bundestages entsprechen muß, den alten Bundeskanzler zu entlassen und den neugewählten Bundeskanzler zu ernennen. Die Einhaltung von Fristen wird in der Bestimmung nicht ausdrücklich verlangt. Immerhin ergibt bereits die Auslegung aus dem Wortlaut der Norm, daß dem Bundespräsidenten ein — wie auch immer gearteter — Entscheidungsspielraum nicht zukommen soll („muß ... entsprechen und ... ernennen").[44]

Diese Überlegung kommt auch in bezug auf die Einhaltung von Fristen zum Tragen: Der Bundespräsident muß unverzüglich prüfen, ob die Voraussetzungen des Art. 67 GG erfüllt sind, ebenso wie im Fall eines positiven Ausgangs bei der Entlassung und der Ernennung.[45] Nur so ist gewährleistet, daß die Regierungskrise rasch beendet wird und ein Regierungschef ins Amt kommt, der das Vertrauen des Parlaments besitzt.

4. Die Zulässigkeit eines Mißtrauensvotums
gegen den geschäftsführenden Bundeskanzler

Art. 69 Abs. 3 GG sieht u. a. vor, daß auf Ersuchen des Bundespräsidenten der Bundeskanzler verpflichtet ist, die Geschäfte bis zur Ernennung seines Nachfolgers weiterzuführen. Für den Fall, daß in einer solchen Situation der Bundespräsident die Wahl eines neuen Bundeskanzlers nicht durch einen Vorschlag gemäß Art. 63 Abs. 1 GG in die Wege leitet, wird die Frage erörtert, ob der Bundestag gemäß Art. 67 GG dem geschäftsführenden Bundeskanzler das Mißtrauen aussprechen kann, um dadurch zu verhindern, daß dieser bis zum Ende der Legislaturperiode im Amt bleibt.

Arndt / Schweitzer[46] versuchen die Zulässigkeit eines derartigen Mißtrauensvotums „aus einer teleologischen und funktionalen Interpretation der Institution eines geschäftsführenden Bundeskanzlers" zu begründen.[47] Sie gehen davon aus, daß der geschäftsführende Bundeskanzler die gleiche verfassungsrechtliche Stellung habe wie die „normalen Organe", zumindest insoweit, als dies für die Funktionsfähigkeit

---

[44] Vgl. die Darlegungen bei *Lippert* (FN 1), S. 432 f., m. w. N.

[45] So auch *von Mangoldt / Klein* (FN 12), Art. 67, Anm. III 4 d); *Lippert* (FN 1), S. 434 f., letzter m. w. N. und in Auseinandersetzung mit Positionen, die dem Bundespräsidenten bei der Festlegung der Frist ein eigenes Ermessen bzw. eine Zeitspanne von sieben Tagen einräumen.

[46] *Arndt / Schweitzer*, JuS 1974, S. 622 ff. (625 f.).

[47] *Arndt / Schweitzer* (FN 46), S. 626.

notwendig sei. Das Grundgesetz selbst sehe in Art. 63 Abs. 4 und in Art. 68 einen Kanzler vor, der sich nicht auf das Vertrauen der absoluten Parlamentsmehrheit stützen könne. Nach klassisch-parlamentarischen Vorstellungen könne dies nur ein geschäftsführender Kanzler sein. Andererseits verbiete die Konzeption des Grundgesetzes einen Bundeskanzler, der keiner Kontrolle unterliege. Es seien daher auf den geschäftsführenden Kanzler die gleichen Organisationsnormen anzuwenden wie auf den gewählten Regierungschef, mithin auch Art. 67 GG.[48]

Gegen diese Auffassung hat sich nachdrücklich Röttger ausgesprochen.[49] Das konstruktive Mißtrauensvotum sei ein Kontrollrecht des Parlaments gegenüber dem gewählten Bundeskanzler. „Da der Bundestag dem geschäftsführenden Bundeskanzler nicht in einer Wahl sein Vertrauen bekundet hat, ist auch ein Vertrauensentzug durch ein konstruktives Mißtrauensvotum nach Art. 67 GG nicht denkbar."[50] Art. 67 GG regele einen Konflikt zwischen Bundestag und Bundeskanzler, während die Weigerung des Bundespräsidenten, einen Kandidaten nach Art. 63 Abs. 1 GG vorzuschlagen, einen Verfassungskonflikt zwischen Bundestag und Bundespräsidenten hervorrufe. Wollte man hier Art. 67 GG anwenden, wäre dies die „Übertragung des Mißtrauensvotums auf eine Situation, für die es verfassungssystematisch nicht geschaffen ist."[51] Schließlich sei es im Wahlverfahren nach Art. 63 GG leichter möglich, einen neuen Bundeskanzler zu wählen als nach Art. 67 GG, weil hier (Art. 63 Abs. 4) nur die relative Mehrheit verlangt werde.[52]

Der zuletzt genannten Auffassung ist zuzustimmen. Der geschäftsführende Bundeskanzler erfüllt seine Verpflichtung allein gemäß Art. 69 Abs. 3 GG. Da er nicht gewählt worden ist, entfällt auch die Umkehrung der Wahl — die Abwahl. Art. 67 GG gelangt somit überhaupt nicht zur Anwendung. Das fehlende Mißtrauensvotum führt nicht zur Schwächung der parlamentarischen Kontrolle, da der Bundestag mit Art. 63 GG über Möglichkeiten verfügt, den geschäftsführenden Kanzler abzulösen.[53] Eine Weigerung des Bundespräsidenten, sein Vorschlagsrecht nach Art. 63 Abs. 1 GG auszuüben, stellt in dem Zusammenhang kein unüberwindliches Hindernis dar, da es einerseits rechtliche Mittel gibt, um den Bundespräsidenten zum Tätigwerden zu zwingen,[54] andererseits von einer „Verwirkung" des Vorschlagsrechts

---

[48] Ebenda.
[49] *Röttger*, JuS 1975, S. 358 ff.
[50] *Röttger* (FN 49), S. 359, unter Bezugnahme auf *Lutz*, Die Geschäftsregierung nach dem Grundgesetz, 1969, S. 67.
[51] *Röttger* (FN 49), S. 359.
[52] Ebenda.
[53] Wie hier *Lutz* (FN 50), S. 68.
[54] Vgl. *Lippert* (FN 1), S. 279 f.; *Röttger* (FN 49), S. 358.

des Bundespräsidenten nach Ablauf einer angemessenen Frist auszugehen ist,[55] so daß das Parlament zu den Möglichkeiten nach Art. 63
Abs. 3 und 4 GG übergehen kann.

Ein konstruktives Mißtrauensvotum gegen den geschäftsführenden
Bundeskanzler ist also nicht zulässig.[56]

III. Streitfragen im Zusammenhang mit Art. 68 GG

Im Verhältnis zu Art. 67 GG hat Art. 68 GG in der wissenschaftlichen
und politischen Diskussion eine verhältnismäßig geringe Beachtung
gefunden. Zusammen mit der komplizierten Struktur der Vorschrift
hat dies dazu geführt. daß bis heute zahlreiche Streitfragen ungeklärt
geblieben sind. Ihnen gelten die folgenden Überlegungen.

1. Die Zulässigkeit von Vertrauensfrage-Ersuchen

Die Zulässigkeit von parlamentarischen Beschlüssen, in denen der
Bundeskanzler aufgefordert wird, die Vertrauensfrage gemäß Art. 68
GG zu stellen, ist heftig umstritten.[57] Die gegensätzlichen Auffassungen wurden in die wissenschaftliche Auseinandersetzung eingeführt
und ausführlich begründet von Erich Küchenhoff einerseits,[58] der die
Zulässigkeit bejahte, und von Andreas Sattler andererseits,[59] der sie
verneinte. Heinhard Steiger hat in einer ausführlichen Stellungnahme
die beiden Positionen referiert und sich mit weiterführenden Argumenten der Meinung Sattlers angeschlossen.[60]

Die gegensätzlichen Auffassungen haben ihren Ursprung in einer
unterschiedlichen Beurteilung der Art. 62 ff. GG. Küchenhoff leitet aus
der „verfassunggestaltenden Grundentscheidung für die Staatsform
der parlamentarisch-repräsentativen Demokratie" den „Kontroll-Vorrang des BT als des volksgewählten Parlaments vor und gegenüber
der Bundesregierung" ab.[61] Daraus folge, daß der Bundestag alle ver-

---

[55] So auch *Lippert* (FN 1), S. 280 ff.; *Röttger* (FN 49), S. 359.

[56] Ebenso — neben den bereits genannten Autoren — auch *Liesegang*
(FN 21), Rdn. 20 zu Art. 69.

[57] Die Auseinandersetzung entzündete sich an dem Beschluß des Bundestages vom 8. 11. 1966, der damalige Bundeskanzler Erhard möge „dem Bundestag gemäß Art. 68 GG alsbald einen Antrag vorlegen, ihm das Vertrauen
auszusprechen" (Verhandlungen des Deutschen Bundestages. 5. Wahlperiode
1965. StenoBer. Band 62, S. 3304 B).

[58] *Küchenhoff*, DÖV 1967, S. 116 ff.

[59] *Sattler* (FN 14), S. 765 ff.

[60] *Steiger* (FN 13), S. 277 ff.

[61] *Küchenhoff* (FN 58), S. 116 ff.

fassungsrechtlich im Einzelfall nicht geregelten Kontrollmittel ein-
setzen dürfe, sofern sie nicht einer ausdrücklichen Regelung des Grundgesetzes widersprächen.[62] Dies sei bei einem Vertrauensfrage-Ersuchen
nicht der Fall. Insbesondere werde Art. 67 GG nicht umgangen, da er
keinen „Abgangs-Zwangs-Automatismus" für den Bundeskanzler
schaffe.[63] Die Gegenmeinung[64] geht davon aus, Art. 67 und 68 GG hätten die Kontrollbefugnisse des Bundestages erheblich eingeschränkt.[65]
Nur im Rahmen dieser „besonders fixierte(n) Markierungen parlamentarischen Handelns"[66] dürfe das Parlament agieren.[67] Art. 67 GG solle
bewirken, die bestehende Regierung vor einem Sturz zu schützen,
wenn das Parlament nicht gleichzeitig einen neuen Bundeskanzler
wähle. Das Vertrauensfrage-Ersuchen sei ein parlamentarisches Kontrollmittel, mit dem die Absicht verfolgt werde, diese Zielsetzung zu
unterlaufen, weil es den Bundeskanzler praktisch vor die Alternative
stelle, entweder eine neue Regierung zu bilden, die von der Parlamentsmehrheit unterstützt werde, oder zurückzutreten.[68]

Wenn man davon ausgeht, daß mit einem Vertrauensfrage-Ersuchen
die Absicht verbunden ist, den Bundeskanzler zu zwingen, verhältnismäßig rasch die aufgetretenen politischen Schwierigkeiten zu überwinden oder sein Amt zur Verfügung zu stellen, unterscheidet es sich nicht
prinzipiell von einem Mißbilligungsvotum gegen den Kanzler oder die
Bundesregierung. Hier wie da liegen Konflikte zwischen Parlament
und Regierung zugrunde, die in den Beschlüssen des Parlaments eine
politische Artikulation finden. Es wird versucht, politisch Druck auszuüben, wie das im übrigen in vielfältiger — zumeist auf die Öffentlichkeit zugeschnittene — Form geschieht. Alles spielt sich aber ausschließlich auf der politischen Ebene ab.[69] Die verfassungsrechtliche
Ebene würde erst erreicht sein, wenn die Äußerung des Parlaments
den Bundeskanzler in irgendeiner Weise zu einem bestimmten Verhalten zwingen könnte, wenn sich also für ihn rechtlich etwa die Ver-

---

[62] *Küchenhoff* (FN 58), S. 120. Ebenso *Liesegang* (FN 21), Rdn. 10 zu Art. 67.

[63] *Küchenhoff* (FN 58), S. 121.

[64] *Sattler* (FN 14), S. 765 ff.; *Steiger* (FN 13), S. 277 ff.; in diesem Punkt
auch *Kröger* (FN 23), S. 155 f.

[65] *Sattler* (FN 14), S. 766; *Kröger* (FN 23), S. 155.

[66] *Stern*, Das Staatsrecht der Bundesrepublik Deutschland I, 1977, S. 777.

[67] So besonders deutlich *Steiger* (FN 13), S. 283 f.: „Wir haben einen konstitutionellen Parlamentarismus. Die Kontrollbefugnisse des Bundestages
sind nicht ungeregelt, sondern sie sind in Zuständigkeiten festgelegt, wie
jede Staatsgewalt."

[68] *Sattler* (FN 14), S. 768; *Kröger* (FN 23), S. 155 f.; *Steiger* (FN 13), S. 283 ff.

[69] Insofern gibt die Interpretation *Küchenhoffs* (FN 58), S. 118 ff., Anlaß
zu Mißverständnissen, weil der Autor mögliche rechtliche Folgen eines Ver-
trauensfrage-Ersuchens diskutiert und nicht immer deutlich zwischen der
rechtlichen und der politischen Ebene unterscheidet.

pflichtung ergäbe, tatsächlich die Vertrauensfrage zu stellen oder sich auch nur zu dem Beschluß des Bundestages zu äußern. Das ist aber nicht der Fall: Der Bundeskanzler kann das Ersuchen des Parlaments in jeder Hinsicht ignorieren. Art. 67 oder 68 GG werden deshalb durch ein Vertrauensfrage-Ersuchen nicht umgangen.

Die öffentliche Austragung einer Auseinandersetzung zwischen Parlament und Regierung kann, soweit sie in Bundestagsbeschlüssen ihren Ausdruck findet, zur größeren Transparenz des Regierungssystems beitragen. Die parlamentarische Regierungsweise lebt von ihrer Offenheit, neue Formen für die Bewältigung neuer Probleme zu entwickeln und zu integrieren. Durch das Verbot, bestimmte politische Konflikte auf parlamentarische Weise auszutragen, werden die Konflikte nicht überwunden. Die Akteure würden in einem solchen Fall in den nichtparlamentarischen — oftmals nichtöffentlichen — Raum ausweichen. Damit entstünde die Gefahr, daß das parlamentarische Regierungssystem, zu dessen Bewährung die Art. 67, 68 GG dienen sollen, geschwächt und gerade nicht gestärkt würde.[70]

Vertrauensfrage-Ersuchen an den Bundeskanzler sind also zulässig.

2. Die Verbindung der Vertrauensfrage mit einer Gesetzesvorlage

Aus Art. 81 Abs. 1 Satz 2 GG ergibt sich, daß der Bundeskanzler im Rahmen des Gesetzgebungsnotstandes die Vertrauensfrage mit einer Gesetzesvorlage verbinden kann.[71]

Nicht eindeutig geklärt ist dagegen, ob auch unabhängig vom Verfahren des Gesetzgebungsnotstandes eine Verbindung von Vertrauensfrage und Gesetzesvorlage zulässig ist. Henkel[72] verneint dies mit der Begründung, daß „eine selbständige Funktion" für ein derartiges Verfahren nicht „ersichtlich" sei:[73] Erhalte die mit einer Gesetzesvorlage verbundene Vertrauensfrage nicht die erforderliche Mehrheit, könne der Bundeskanzler dem Bundespräsidenten vorschlagen, das Parlament aufzulösen. Der Bundeskanzler sei dazu aber nicht verpflichtet. Entschließe er sich, weiter im Amt zu bleiben, müsse er versuchen, die gesetzgeberische Arbeit der Bundesregierung auf andere Weise sicherzustellen. Dafür stehe ihm der Weg des Gesetzgebungsnotstandes nach Art. 81 Abs. 1 Satz 1 GG zur Verfügung. Um diesen Weg beschreiten zu können, müsse er die zusammen mit der Vertrauensfrage abgelehnte

---

[70] Ähnlich *Liesegang* (FN 21), Rdn. 10 zu Art. 67.

[71] Vgl. dazu im einzelnen *Liesegang*, Rdn. 13, ff. zu Art. 81, in: von Münch, Grundgesetz-Kommentar, Band III, 1978, m. w. N.

[72] *Henkel*, DÖV 1973, S. 73 ff. (abgedruckt auch in: Parlamentsauflösung, 1974, S. 11 ff.).

[73] *Henkel* (FN 72), S. 74.

Gesetzesvorlage zunächst von der Bundesregierung als Kollegium für dringlich erklären lassen. Bei einer Verbindung von Vertrauensfrage und Gesetzesvorlage im Rahmen des Art. 81 Abs. 1 Satz 2 GG sei die Dringlichkeitserklärung dagegen nicht erforderlich. Die Bundesregierung könne hier vielmehr sofort (mit Zustimmung des Bundesrates) beim Bundespräsidenten den Antrag stellen, für die gescheiterte Gesetzesvorlage den Gesetzgebungsnotstand zu erklären. Eine Verbindung von Vertrauensfrage und Gesetzesvorlage im Rahmen des Art. 81 Abs. 1 Satz 2 GG vereinfache somit das sonst erforderliche Verfahren.[74]

Dem Autor ist zuzugeben, daß der direkte Weg zum Gesetzgebungsnotstand über die Verbindung von Vertrauensfrage und Gesetzesvorlage nach Art. 81 Abs. 1 Satz 2 GG führt. Er übersieht aber, daß der Bundeskanzler nicht in jedem Fall nach der Ablehnung einer mit der Vertrauensfrage verbundenen Gesetzesvorlage nur die Alternative sehen wird, dem Bundespräsidenten die Auflösung des Bundestages vorzuschlagen oder den Gesetzgebungsnotstand anzustreben. Es kann für ihn gute Gründe geben, der Gesetzesvorlage zwar dadurch ein größeres Gewicht zu verleihen, daß er sie mit der Vertrauensfrage verbindet, ohne aber bei einer Ablehnung zu versuchen, den Bundestag als Gesetzgeber auszuschalten, wie das im Rahmen des Gesetzgebungsnotstandes nach Art. 81 Abs. 2 GG möglich wäre. Schlösse man eine Verbindung von Vertrauensfrage und Gesetzesvorlage unabhängig vom Verfahren des Gesetzgebungsnotstandes aus, würden also u. U. die Kompetenzen des Parlaments reduziert, ohne daß dies dem politischen Willen der Akteure unbedingt entspräche. Unter den Umständen erscheint es nicht überflüssig, sondern geradezu geboten, eine Verbindung von Vertrauensfrage und Gesetzesvorlage außerhalb des Verfahrens nach Art. 81 Abs. 1 Satz 2 GG zuzulassen. Diese Auffassung wird durch die Konstruktion des Art. 81 Abs. 1 GG noch gestützt. Die Bestimmung regelt nicht, unter welchen Voraussetzungen die Vertrauensfrage mit einer sachlichen Vorlage verbunden werden darf, sondern sie erweitert die Möglichkeiten, die der Bundeskanzler besitzt, wenn er in einer bestimmten Weise nach Art. 68 GG vorgegangen ist und eine Abstimmungsniederlage erlitten hat.[75] Dem Bundeskanzler steht es somit frei, die Vertrauensfrage mit jeder beliebigen Sachvorlage, also auch mit einer Gesetzesvorlage, zu verbinden.

---

[74] Ebenda. Speziell zum Gesetzgebungsnotstand vgl. jetzt *Stern*, Der Gesetzgebungsnotstand — Eine vergessene Verfassungsnorm, in: Politik als gelebte Verfassung, 1980, S. 129 ff.

[75] So auch *Leicht* (FN 1), S. 51 ff.

3. Die Zulässigkeit der Spaltung des Abstimmungsergebnisses bei der Verbindung der Vertrauensfrage mit einer Gesetzesvorlage

Nachdem lange Zeit umstritten war, ob über die vom Bundeskanzler mit einer Gesetzesvorlage verbundene Vertrauensfrage gleichzeitig und einheitlich abgestimmt werden dürfe oder ob eine getrennte Abstimmung über die Vertrauensfrage einerseits und die Gesetzesvorlage andererseits zulässig sei,[76] hat sich inzwischen die Auffassung durchgesetzt, daß eine getrennte Abstimmung nicht möglich ist.[77] Dieser Auffassung ist zuzustimmen. Die Entscheidung des Bundeskanzlers, die Gesetzesvorlage mit der Vertrauensfrage zu verbinden, erstreckt sich auch auf die Abstimmung. Wie bei jedem parlamentarischen Antrag muß der Bundestag eine solche Verbindung akzeptieren; er darf sie weder durch einen Beschluß beseitigen noch unterlaufen.[78]

Mit der Verpflichtung, einheitlich abzustimmen, ist nicht entschieden, ob das Ergebnis der Abstimmung nur einheitlich oder auch gespalten sein kann. Die Frage stellt sich, weil Gesetzesvorlage und Vertrauensfrage in der Regel nicht denselben Mehrheitsanforderungen unterliegen: Für das Vertrauensvotum ist die Zustimmung der Mehrheit der Mitglieder des Bundestages erforderlich (Art. 68 Abs. 1 Satz 1 i. V. m. Art. 121 GG), während für Gesetzesvorlagen je nach ihrem Inhalt die Mehrheit der abgegebenen Stimmen (Art. 42 Abs. 2 Satz 1 GG), die Mehrheit der Mitglieder (z. B. Art. 87 Abs. 3 Satz 2 GG) oder eine Mehrheit von zwei Dritteln der Mitglieder des Bundestages (Art. 79 Abs. 2 GG) verlangt wird. Joseph Bücker[79] verneint die Zulässigkeit der Spaltung des Abstimmungsergebnisses. Würden Fragen, deren Bejahung an sich verschiedene Quoren erforderten, verbunden, so bedürfe es zur Annahme beider des für die eine Frage vorgeschriebenen höheren Quorums.[80] Das Ergebnis lasse sich auch politisch begründen. Durch die Verbindung der Vertrauensfrage mit einer Gesetzesvorlage gemäß Art. 81 Abs. 1 Satz 2 GG stelle sich den Abgeordneten nicht nur die Frage nach ihrem „Ja" oder „Nein" zur Gesetzesvorlage, sondern auch die Frage, ob sie dem Bundeskanzler das Vertrauen aussprechen wollten oder nicht. Erst durch den Zwang, sich einheitlich entscheiden zu müssen, erhalte die Beantwortung ihre besondere Bedeutung.[81]

---

[76] Vgl. die Nachweise bei *Henkel* (FN 72), S. 74, Fußnote 3 ff.

[77] Vgl. *Bücker*, ZParl 3 (1972), S. 292 ff. (292 f.); *Henkel* (FN 72), S. 74 f.; *Kabel*, ZParl 4 (1973), S. 287 f. (288); *Liesegang* (FN 71), Rdn. 14 zu Art. 81, jeweils m. w. N.

[78] Vgl. § 53 GeschOBT: „Jedes Mitglied des Bundestages kann die Teilung der Frage beantragen. Ist die Zulässigkeit der Teilung zweifelhaft, so entscheidet bei Anträgen der Antragsteller, sonst der Bundestag ..."

[79] *Bücker* (FN 77), S. 293 ff.

[80] *Bücker* (FN 77), S. 294.

[81] Ebenda.

Art. 42 Abs. 2 GG stehe der Anhebung des Quorums nicht entgegen. Diese Vorschrift trete als die generelle Norm hinter den speziellen Bestimmungen der Art. 68, 81 GG zurück.[82] Aus Art. 81 Abs. 4 GG und dem Gesamtzusammenhang des Art. 81 GG folge, daß die Verbindung der Vertrauensfrage mit einem verfassungsändernden Gesetz nicht zulässig sei.[83]

Es trifft zu, daß wegen Art. 81 Abs. 4 GG im Wege des Gesetzgebungsnotstandes eine Verbindung von Vertrauensfrage und verfassungsänderndem Gesetz nicht möglich ist.[84] Damit ist das Problem aber nicht gelöst, da der Bundeskanzler die Vertrauensfrage mit jeder beliebigen Gesetzesvorlage verbinden kann, also auch mit einer verfassungsändernden, für die das Mehrheitserfordernis des Art. 79 Abs. 2 GG eingreift,[85] ohne daß er das im Wege des Gesetzgebungsnotstandes tun muß. Wollte man die Spaltung des Abstimmungsergebnisses ausschließen, dann müßte entweder für die Annahme der Vertrauensfrage die Zweidrittelmehrheit verlangt werden, oder man müßte für die Verfassungsänderung die Mehrheitsanforderungen reduzieren. Weder für die eine noch für die andere Auffassung finden sich im Grundgesetz Anhaltspunkte. Es muß daher bei den Mehrheitsanforderungen bleiben, wie sie in Art. 42 Abs. 2 GG festgelegt sind.[86] Darüber hinaus spricht für die Zulässigkeit der Spaltung des Abstimmungsergebnisses, daß sie eine vorzeitige Herbeiführung des Gesetzgebungsnotstandes und damit die Ausschaltung der Herrschaft des Parlaments über das Gesetzgebungsverfahren verhindert.[87] Die Spaltung ermöglicht es der Regierung, Gesetze mit der nach Art. 42 Abs. 2 Satz 1 GG ausreichenden einfachen Mehrheit durchzubringen und sich damit die politische Handlungsfähigkeit zu erhalten, während sie sonst den Gesetzgebungsnotstand herbeiführen müßte, um das gleiche Ergebnis — die Verabschiedung der Gesetzesvorlage — zu erreichen. Für diese Auslegung spricht schließlich der Wortlaut von Art. 81 Abs. 1 Satz 2 GG. Ausgangspunkt ist die Ablehnung der Gesetzesvorlage. Die Vorschrift stellt im Hinblick auf die Einleitung des Gesetzgebungsnotstandes ausschließlich auf das Schicksal der Gesetzesvorlage und somit der für sie geltenden Regeln ab.[88] Die Spaltung des Abstimmungsergebnisses bei der Verbindung der Vertrauensfrage mit einer Gesetzesvorlage ist also zulässig.[89]

---

[82] *Bücker* (FN 77), S. 295.

[83] Ebenda.

[84] So auch *Henkel* (FN 72), S. 75; *Leicht* (FN 1), S. 51 f.

[85] Danach ist die Zustimmung von zwei Dritteln der Mitglieder des Bundestages und zwei Dritteln der Stimmen des Bundesrates erforderlich.

[86] Ebenso *Kabel* (FN 77), S. 288; *Henkel* (FN 72), S. 76.

[87] Vgl. auch *Henkel* (FN 72), S. 76.

[88] Ebenso *Leicht* (FN 1), S. 51.

4. Konsequenzen für den Vertrauensantrag, wenn der Bundestag darüber nicht abstimmt

Art. 68 Abs. 2 GG, § 103 Abs. 1 GeschOBT schreiben vor, daß zwischen dem Antrag des Bundeskanzlers, ihm das Vertrauen auszusprechen, und der parlamentarischen Abstimmung eine Frist von mindestens 48 Stunden liegen muß. Dagegen ist nicht normiert, innerhalb welcher Zeit das Votum des Bundestages erfolgen muß, und was geschieht, wenn überhaupt keine Abstimmung stattfindet. Über Zwangsmittel zur Durchsetzung der Abstimmung verfügt der Bundeskanzler nicht. Er kann allenfalls mit Hilfe seines Rechts aus Art. 43 Abs. 2 Satz 2 GG darauf dringen, daß abgestimmt wird.[90] Votiert der Bundestag dennoch nicht, so gehen einige in Analogie zu Art. 81 Abs. 2 Satz 2 GG davon aus, daß der Antrag des Bundeskanzlers als abgelehnt zu gelten habe.[91] Es erscheint zweifelhaft, ob die Regelung in Art. 81 Abs. 2 Satz 2 GG analog auf Art. 68 Abs. 1 Satz 1 GG übertragen werden kann. Dort wird aus dem Nichthandeln des Parlaments der Schluß gezogen, daß das Gesetz zustande gekommen ist, während hier die Ablehnung des Antrages gefolgert werden soll. Zwingender dürfte es sein, das Ergebnis aus der Konstruktion des Art. 68 GG selbst abzuleiten: Der Bundeskanzler tritt an den Bundestag mit dem Wunsch heran, ihm das Vertrauen auszusprechen. Er möchte also vom Parlament eine positive Bekundung, daß er sich auf die Mehrheit der Volksvertretung stützen kann. Bleibt der Bundestag in dieser Situation passiv, bringt er damit konkludent zum Ausdruck, daß er dem Wunsch des Bundeskanzlers nicht nachkommen möchte. Deshalb muß der Antrag als abgelehnt gelten, wenn darüber nicht binnen angemessener Frist abgestimmt wird.[92]

5. Die Befugnisse des Bundespräsidenten nach der Ablehnung der Vertrauensfrage

Nach Ablehnung der Vertrauensfrage kann der Bundespräsident auf zweierlei Weise in den weiteren Ablauf einbezogen werden: Auf Vor-

---

[89] So auch *Maunz* (1960), in: Maunz / Dürig, Grundgesetz, Band 2, Rdn. 15 zu Art. 81; *von Mangoldt / Klein* (FN 12), Art. 81, Anm. III 5 a); *Leicht* (FN 1), S. 51 ff.; *Liesegang*, Rdn. 14 zu Art. 81, in: von Münch, Grundgesetz-Kommentar, Band III, 1978; *Kabel* (FN 77), S. 287 f.; *Henkel* (FN 72), S. 75 ff., m. w. N. in Fußnote 13.

[90] Vgl. *Liesegang* (FN 21), Rdn. 4 zu Art. 68; *von Mangoldt / Klein* (FN 12), Art. 68, Anm. III 2 e).

[91] Vgl. *Steiger* (FN 13) S. 271; *Liesegang* (FN 21), Rdn. 4 zu Art. 68; *von Mangoldt / Klein* (FN 12), Art. 68, Anm. III 2 e).

[92] Neben den genannten Autoren im Ergebnis so auch *Maunz* (FN 31), Rdn. 2 zu Art. 68, m. w. N.

schlag des Bundeskanzlers kann er den Bundestag auflösen (Art. 68 Abs. 1 Satz 2, 2. HS GG) und auf Antrag der Bundesregierung den Gesetzgebungsnotstand erklären (Art. 81 Abs. 1 GG).

Unbestritten ist, daß der Bundespräsident nicht von sich aus tätig werden darf, sondern darauf angewiesen ist, daß vom Bundeskanzler bzw. von der Bundesregierung ein Antrag gestellt wird.[93] Dagegen gehen die Ansichten auseinander, ob das Staatsoberhaupt an den Antrag gebunden ist oder ob es in seinem Ermessen steht, wie er vorgeht. Nach überwiegender Meinung ist der Bundespräsident in seiner Entscheidung frei.[94] Michael R. Lippert hat versucht, Art. 68, 81 GG dahingehend zu interpretieren, daß der Präsident gehalten sei, im Regelfall dem Antrag des Bundeskanzlers bzw. der Bundesregierung zu entsprechen.[95] Auch Heinhard Steiger[96] und Hans-Peter Schneider[97] bemühen sich darum, auf dem Wege der Auslegung den Entscheidungsspielraum des Präsidenten einzuengen. Steiger geht davon aus, daß der gewählte Bundestag möglichst aus sich heraus eine Regierungsmehrheit bilden solle. Dementsprechend dürfe der Präsident nicht durch eine voreilige Auflösung verhindern, daß eine stabile und wirkungsvolle neue Mehrheit zustandekomme.[98] Schneider hält das Staatsoberhaupt für verpflichtet, den Bundestag aufzulösen, wenn unter den politisch verantwortlichen Gruppen ein klarer Wille zu Neuwahlen vorhanden ist.[99]

Die zuletzt wiedergegebenen Überlegungen sind von der Zielsetzung getragen, die Rechte des Bundespräsidenten einzuschränken. Im Rahmen der verfassungsrechtlichen Interpretation ist jedoch kein Raum für Erwägungen — mögen sie auch noch soviel für sich haben —, die mit dem eindeutigen Wortlaut der betreffenden Vorschrift nicht zu vereinbaren ist. Das Wort „kann" in Art. 68 Abs. 1 Satz 1 und Art. 81

---

[93] Vgl. *Liesegang* (FN 21), Rdn. 6 zu Art. 68 GG; *derselbe*, (FN 89), Rdn. 12 zu Art. 81.

[94] Vgl. *von Mangoldt / Klein* (FN 12), Art. 68, Anm. III 3 b); *Maunz* (FN 31), Rdn. 4 zu Art. 68; *Schmidt-Bleibtreu / Klein*, Grundgesetz, 1980, Rdn. 5 zu Art. 68; *Liesegang* (FN 21), Rdn. 5 zu Art. 68; *Leicht* (FN 1), S. 54 f.

[95] *Lippert* (FN 1), S. 464 ff. Noch weiter geht *Friesenhahn* (FN 30), S. 63, der annimmt, daß in jedem Fall der Bundespräsident dem Verlangen des Bundeskanzlers entsprechen müsse. Ihm folgt *Meyer*, Das parlamentarische Regierungssystem des Grundgesetzes (Mitbericht), VVDStRL 33, 1975, S. 69 ff. (118); *derselbe*, Schlußwort, VVDStRL 33, 1975, S. 173. Vgl. dazu auch den Diskussionsbeitrag von *Scheuner*, VVDStRL 33, 1975, S. 123; ferner *Kaltefleiter*, Die Funktionen des Staatsoberhauptes in der parlamentarischen Demokratie, 1970, S. 244 ff.

[96] *Steiger* (FN 13), S. 307 ff.

[97] *Schneider*, JZ 1973, S. 652 ff. (655).

[98] *Steiger* (FN 13), S. 310.

[99] *Schneider* (FN 97), S. 655.

Abs. 1 Satz 1 GG bezeichnet präzise, daß der Bundespräsident über einen Handlungsspielraum verfügt, der es ihm erlaubt, sich für oder gegen die Parlamentsauflösung bzw. die Erklärung des Gesetzgebungsnotstandes zu entscheiden.[100] Art. 68 Abs. 1 Satz 2 GG bekräftigt diese Auslegung, indem dort von dem „Recht zur Auflösung" die Rede ist. Das Recht, etwas tun zu dürfen, impliziert die Befugnis, von ihm keinen Gebrauch zu machen. Eine Reduzierung der Kompetenzen des Bundespräsidenten ließe sich nur über eine Verfassungsänderung herbeiführen. Die überwiegende Meinung verdient daher Zustimmung. Sie führt auch nicht zu unerträglichen Konsequenzen, denn der Bundestag hat die Möglichkeit, den Bundespräsidenten gar nicht erst zum Zuge kommen zu lassen, indem er mit den gleichen Mehrheitserfordernissen wie nach Art. 68 Abs. 1 Satz 2 GG gemäß Art. 67 GG einen neuen Bundeskanzler wählt.[101]

Gemäß Art. 68 Abs. 1 Satz 2 GG erlischt das Recht des Bundespräsidenten, den Bundestag aufzulösen, sobald das Parlament mit der Mehrheit seiner Mitglieder einen anderen Bundeskanzler wählt. Umstritten ist in dem Zusammenhang, ob das Auflösungsrecht schon erlischt, sobald der Bundestag in den Wahlgang eingetreten ist,[102] oder erst nach Abschluß der Wahlhandlung.[103]

Der Wortlaut ist nicht eindeutig. „Sobald ... wählt" kann sich sowohl auf den Vorgang beziehen als auch — als historisches Präsens — auf das Ergebnis der Wahl. Für ein frühes Erlöschen der präsidentiellen Auflösungsbefugnis spricht, daß es eine Lösung der Regierungskrise auf parlamentarischem Wege begünstigt und u. U. einen Wettlauf zwischen dem Bundestag auf der einen sowie Bundeskanzler und Bundespräsident auf der anderen Seite verhindert.[104] Dagegen läßt sich anführen, daß das Grundgesetz eine Unterbrechung des Auflösungsrechts nicht vorsieht. Es ist nur davon die Rede, daß es „erlischt".[105] Auf eine Unterbrechung würde aber die zuerst genannte Auffassung hinauslaufen.

Ob der Bundestag einen anderen Bundeskanzler zu wählen in der Lage ist, wird erst bei Abschluß der Wahlhandlung offenbar. Unwiderruflich kann das Recht des Bundespräsidenten also erst zu diesem

---

[100] Dies räumt auch *Friesenhahn* (FN 30), S. 63, Fußnote 160, ein.

[101] Wie hier *Liesegang* (FN 21), Rdn. 7 zu Art. 68.

[102] So *Maunz* (FN 31), Rdn. 7 zu Art. 68; *Jellinek*, DÖV 1949, S. 381 ff. (383); *Schmidt-Bleibtreu / Klein* (FN 94), Rdn. 5 zu Art. 68, jeweils n. m. N.

[103] So *von Mangoldt / Klein* (FN 12), Art. 68, Anm. III 3 e) (mit Darlegung des Streitstandes); *Meder* (FN 38), Art. 68, Anm. II 6; *Leicht* (FN 1), S. 56 f.; *Liesegang* (FN 21), Rdn. 17 zu Art. 68.

[104] Dies betont vor allem *Maunz* (FN 31), Rdn. 7 zu Art. 68.

[105] Vgl. *Leicht* (FN 1), S. 56; *Liesegang* (FN 21), Rdn. 17 zu Art. 68.

Zeitpunkt enden. Sobald der Präsident sein Auflösungsrecht ausgeübt hat, darf der Bundestag den Wahlvorgang nicht mehr beginnen und auch nicht mehr fortsetzen.[106]

---

[106] Vgl. *von Mangoldt / Klein* (FN 12), Art. 68, Anm. II 4 f).

Quellenverzeichnis

Akten der Reichskanzlei. Weimarer Republik, herausgegeben für die Historische Kommission bei der Bayerischen Akademie der Wissenschaften von Karl Dietrich Erdmann, für das Bundesarchiv von Wolfgang Mommsen unter Mitwirkung von Walter Vogel, Boppard am Rhein,
— Die Kabinette Stresemann I u. II, Band 2, 1978
— Die Kabinette (Hans) Luther I und II, 2 Bände, 1977

Bund zur Erneuerung des Reiches: Reich und Länder. Vorschläge, Begründung, Gesetzentwürfe, Berlin 1928.

Dokumente zur deutschen Verfassungsgeschichte: Herausgegeben von Ernst Rudolf Huber. Band 3: Dokumente der Novemberrevolution und der Weimarer Republik 1918 - 1933, Stuttgart usw. 1966.

30 Jahre Deutscher Bundestag. Dokumentation, Statistik, Daten. Bearbeitet von Peter Schindler, Bonn 1979.

(Heinrich) Schulthess' Europäischer Geschichtskalender. Herausgegeben von Ernst Delbrück (1894 ff.: Gustav Rotoff). Neue Folge, Nördlingen (1892 ff.: München) 1886 - 1942.

Verhandlungen des Deutschen Bundestages. Stenographische Berichte, Bonn 1950 ff.

Verhandlungen des Deutschen Bundestages. Drucksachen, Bonn 1949 ff.

Verhandlungen der verfassunggebenden Deutschen Nationalversammlung. Stenographische Berichte, Berlin 1919 - 1920.

Verhandlungen der verfassunggebenden Deutschen Nationalversammlung. Drucksachen, Berlin 1919 - 1920.

Verhandlungen des Deutschen Reichstages. Stenographische Berichte, Berlin 1920 - 1936.

Verhandlungen des Deutschen Reichstages. Drucksachen, Berlin 1920 - 1936.

Literaturverzeichnis

Abraham, Hans Fritz: Kein Ausweg aus der Staats- und Rechtskrise?, in: DJZ 1932, Sp. 1509 - 1512.

Amphoux, Jean: Le chancelier fédéral dans le régime constitutionnel de la république fédérale d'Allemagne, Paris 1962 (Bibliothéque constitutionelle et de science politique. Teil 1).

Anschütz, Gerhard: Die Verfassung des Deutschen Reichs vom 11. August 1919. Ein Kommentar für Wissenschaft und Praxis, Unveränderter Nachdruck der 14. Auflage von 1933, Bad Homburg v. d. H. usw. 1968.

Antoni, Michael: Die Legende von Weimar — 30 Jahre grundgesetzwidrige 5 %-Klausel, in: DuR 7 (1979), S. 402 - 415.

— Grundgesetz und Sperrklausel. 30 Jahre 5 %-Quorum — Lehre aus Weimar?, in: ZParl 11 (1980), S. 93 - 109.

Arndt, Hans-Wolfgang / Michael *Schweitzer:* Verfassungsrechtliche Aspekte des Kanzlerrücktritts, in: JuS 1974, S. 622 - 626.

Badura, Peter: Die parlamentarische Verantwortlichkeit der Minister, in: ZParl 11 (1980), S. 573 - 582.

Die politische Bedeutung der Ministerverantwortlichkeit: Lehren aus der Praxis, in: ZParl 11 (1980), S. 583 - 591.

Berber, Fritz (Hrsg.): Zum Neubau der Verfassung, Berlin 1933.

Beyme, Klaus von: Die parlamentarischen Regierungssysteme in Europa (1970), 2. Auflage, München 1973.

Birke, Adolf M.: Das konstruktive Mißtrauensvotum in den Verfassungsverhandlungen der Länder und des Bundes, in: ZParl 8 (1977), S. 77 - 92.

Böckenförde, Ernst-Wolfgang: Bonn ist nicht Weimar, in: AöR 92 (1967), S. 253 - 254.

Bonner Kommentar: Kommentar zum Bonner Grundgesetz von H. J. Abraham, O. Bühler, B. Dennewitz u. a., Hamburg 1950 ff.

Bracher, Karl Dietrich: Die Auflösung der Weimarer Republik. Eine Studie zum Problem des Machtverfalls in der Demokratie (1955), 5. Auflage, Villingen 1971.

— Die Kanzlerdemokratie — Antwort auf das deutsche Staatsproblem?, in: derselbe, Zeitgeschichtliche Kontroversen. Um Faschismus, Totalitarismus, Demokratie, München 1976, S. 119 - 159.

— Demokratie und Machtvakuum: Zum Problem des Parteienstaats in der Auflösung der Weimarer Republik, in: Karl Dietrich Erdmann / Hagen Schulze (Hg.), Weimar. Selbstpreisgabe einer Demokratie. Eine Bilanz heute, Düsseldof 1980, S. 109 - 134.

Brandt, Edmund: Vorzeitige Beendigung der Wahlperiode durch Parlamentsbeschluß, Minderheitseregierung und Gesetzgebungsnotstand. Zu den Vorschlägen der Enquête-Kommission „Verfassungsreform" des Deutschen Bundestages, in: ZfP 24 (1977), S. 350 - 362.

— Vertrauenserfordernis, Mißtrauensvotum und parlamentarisches Regierungssystem, Diss. jur., Berlin 1979.

Bücker, Joseph: Verbindung der Vertrauensfrage mit einer Gesetzesvorlage. Spaltung des Abstimmungsergebnisses möglich?, in: ZParl 3 (1972), S. 292 bis 295.

— Parlamentsreform in westlichen Demokratien, in: BayVBl. 1980, S. 748 bis 750.

Bull, Hans Peter: Parlamentsauflösung — Zurückverweisung an den Souverän, in: ZRP 1972, S. 201 - 204.

Busch, Eckart: Die Parlamentsauflösung 1972. Verfassungsgeschichtliche und verfassungsrechtliche Würdigung, in: ZParl 4 (1973), S. 213 - 246.

Denninger, Erhard: Staatsrecht. Einführung in die Grundprobleme des Verfassungsrechts der Bundesrepublik Deutschland. 2. Funktionen und Institutionen, Reinbek bei Hamburg 1979.

Domes, Jürgen: Regierungskrisen in Bund und Ländern seit 1949 und die Funktion des konstruktiven Mißtrauensvotums, in: Res publica. Studien zum Verfassungswesen. Rolf Sternberger zum 70. Geburtstag. Hrsg. von Peter Haungs, München 1977, S. 53 - 62.

Dreher, Eduard: Geschäftsregierung und Reichsverfassung, Diss. jur., Leipzig 1932.

— Das parlamentarische System des Bonner Grundgesetzes im Vergleich zur Weimarer Verfassung, in: NJW 1950, S. 130 - 133.

Ellwein, Thomas: Das Regierungssystem der Bundesrepublik Deutschland (1963), 4. Auflage, Opladen 1977.

— Über politische Verantwortung, Konstanz 1978.

Erdmann, Karl Dietrich / Hagen *Schulze* (Hg.): Weimar. Selbstpreisgabe einer Demokratie. Eine Bilanz heute, Düsseldorf 1980.

Eschenburg, Theodor: Systemzusammenbruch als historisches Phänomen — Weimar, in: Regierbarkeit. Studien zu ihrer Problematisierung. Band 2. Hg. von Wilhelm Hennis, Peter Graf Kielmansegg, Ulrich Matz, Stuttgart 1979, S. 47 - 101.

Fraenkel, Ernst: Verfassungsreform und Sozialdemokratie (1932), in: derselbe, Zur Soziologie der Klassenjustiz und Aufsätze zur Verfassungskrise 1931 - 32, Darmstadt 1968, S. 89 - 103.

— Deutschland und die westlichen Demokratien (1964), 6. Auflage, Stuttgart usw. 1974.

Franke, Peter: Deutscher Parlamentarismus (Besprechung von: Heinhard Steiger, Organisatorische Grundlagen des parlamentarischen Regierungssystems, 1973), in: NPL 1974, S. 530 - 532.

Frei, Daniel (Hg.): Überforderte Demokratie? Zürich 1978.

Frey, Rainer: Politik vom Geiste der Bürokratie. Zur Lage des Parlamentarismus in der Bundesrepublik, in: Verwaltung und Planung im Wandel. Hg. Otto Krabs, Köln 1979, S. 17 - 37.

Friedrich, Manfred: Anlage und Entwicklung des parlamentarischen Regierungssystems in der Bundesrepublik, in: DVBl. 1980, S. 505 - 511.

Friesenhahn, Ernst: Parlament und Regierung im modernen Staat (Bericht), Veröffentlichungen der Vereinigung der Deutschen Staatsrechtslehrer, Heft 16, Berlin 1958, S. 9 - 73.

— Die Stellung der politischen Parteien in der Verfassung. Verhandlungen des 2. Deutsch-Italienischen Juristenkongresses vom 26. - 28. September 1968 in Berlin, Teil I, Karlsruhe 1969 (Hefte der Vereinigung für den Gedankenaustausch zwischen deutschen und italienischen Juristen e. V., Heft 4), S. 1 - 25.

— Zur Legitimation und zum Scheitern der Weimarer Reichsverfassung, in: Karl Dietrich Erdmann / Hagen Schulze (Hg.), Weimar. Selbstpreisgabe einer Demokratie. Eine Bilanz heute, Düsseldorf 1980, S. 81 - 108.

Fromme, Friedrich Karl: Von der Weimarer Verfassung zum Bonner Grundgesetz. Die verfassungspolitischen Folgerungen des Parlamentarischen Rates aus der Weimarer Republik und nationalsozialistischer Diktatur, Tübingen 1960 (Tübinger Studien zur Geschichte und Politik, Band 12).

— Das Werk des Parlamentarischen Rates vor dem Hintergrund von Weimar. Verwandtes und Verändertes, in: Parlamentarische Demokratie in Deutschland 1919 - 1969, Bonn 1970, S. 89 - 100.

Gehrig, Norbert: Parlament — Regierung — Opposition. Dualismus als Voraussetzung für eine parlamentarische Kontrolle der Regierung, München 1969.

Gessner, Dieter: Das Ende der Weimarer Republik. Fragen, Methoden und Ergebnisse interdisziplinärer Forschung, Darmstadt 1978 (Erträge der Forschung, Band 97).

Giese, Friedrich: Die Verfassung des Deutschen Reiches, 8. Auflage, Berlin 1931.

— Parlament und Regierung. Ein vorweggenommener Diskussionsbeitrag, in: DÖV 1957, S. 638 - 639.

Giese, Friedrich / Egon *Schunck:* Grundgesetz für die Bundesrepublik Deutschland vom 23. Mai 1949, 9. Auflage, Frankfurt a. M. 1976.

Glum, Friedrich: Kritische Bemerkungen zu Art. 63, 67, 68, 81 des Bonner Grundgesetzes, in: Um Rrecht und Gerechtigkeit. Festgabe für Erich Kaufmann, Stuttgart/Köln 1950, S. 47 - 64.

— Das parlamentarische Regierungssystem in Deutschland, Großbritannien und Frankreich (1950), 2. Auflage, München/Berlin 1965.

Grau, Richard: Die Diktaturgewalt des Reichspräsidenten, in: Handbuch des Deutschen Staatsrechts, herausgegeben von Gerhard Anschütz und Richard Thoma, Zweiter Band, Tübingen 1932 (Das öffentliche Recht der Gegenwart, Band 29), S. 274 - 295.

Grimm, Dieter: Verfassungfunktion und Grundgesetzreform, in: AöR 97 (1972), S. 489 - 537.

Gruber, Dietrich: Die Stellung des Regierungschefs in Deutschland und Frankreich. Eine rechtsvergleichende Studie, Hamburg 1964.

Günther, Gerhard: Das werdende Reich. Reichsgeschichte und Reichsreform, Hamburg 1932.

Hamann, Andreas: Präsidialdemokratie? (Bundespräsident und Bundeskanzler nach dem Grundgesetz), in: RiA 1959, S. 161 - 165.

— Das Grundgesetz für die Bundesrepublik Deutschland vom 23. Mai 1949. Ein Kommentar für Wissenschaft und Praxis, begründet von Andreas Hamann, fortgeführt von Andreas Hamann jr. und Helmut Lenz, 3. Auflage, Neuwied/Berlin 1970.

Haungs, Peter: Reichspräsident und parlamentarische Kabinettsregierung. Eine Studie zum Regierungssystem der Weimarer Republik in den Jahren 1924 bis 1929, Köln/Opladen 1968 (Politische Studien, Band 9).

Henkel, Joachim: Zur Verbindung von Vertrauensfrage und Gesetzesvorlage, in: DÖV, 1973, S. 73 - 78.

Hennis, Wilhelm / Peter Graf *Kielmansegg* / Ulrich *Matz* (Hg.): Regierbarkeit, Studien zu ihrer Problematisierung, Band 1, Stuttgart 1977; Band 2, Stuttgart 1979.

Hermens, Ferdinand A.: Verfassungslehre (1964), 2. Auflage, Köln/Opladen 1968 (Demokratie und Frieden, Band 7).

Herrfahrdt, Heinrich: Der Aufbau des neuen Staates. Vorträge zur Verfassungsreform mit einem Plan für die Übergangsregelung in Reich und Preußen, Berlin 1932.

Herzog, Roman: Allgemeine Staatslehre, Frankfurt a. M. 1971 (Lehrbücher des öffentlichen Rechts. Band 1).

— Parlamentarisches System, in: Evangelisches Staatslexikon, 2. Auflage, Stuttgart/Berlin 1975, Sp. 1766 - 1770.

Hesse, Konrad: Grundzüge des Verfassungsrechts der Bundesrepublik Deutschland (1967), 12. Auflage, Heidelberg/Karlsruhe 1980.

Hübner, Emil / Heinrich *Oberreuter:* Parlament und Regierung. Ein Vergleich dreier Regierungssysteme, München 1977 (Sozialwissenschaftliche Texte).

Jellinek, Walter: Kabinettsfrage und Gesetzgebungsnotstand nach dem Bonner Grundgesetz, in: DÖV 1949, S. 381 - 385.

— Kabinettsfrage und Gesetzgebungsnotstand nach dem Bonner Grundgesetz (Bericht), Veröffentlichungen der Vereinigung der Deutschen Staatsrechtslehrer, Heft 8, Berlin 1950, S. 3 - 20.

Jesse, Eckhard: Parlamentarismus in Deutschland, in: NPL 1977, S. 281 - 308.

Junker, Ernst Ulrich: Die Richtlinienkompetenz des Bundeskanzlers, Tübingen 1965.

Kaack, Heino: Geschichte und Struktur des deutschen Parteiensystems, Opladen 1971.

— Die Freie Demokratische Partei. Grundriß und Materialien zu Geschichte, Struktur und Programmatik, 3. Auflage, Meisenheim a. Gl. 99 (Studien zum politischen System der Bundesrepublik Deutschland, 18).

Kabel, Rudolf: „Spaltung des Abstimmungsergebnisses" ist möglich, in: ZParl 4 (1973), S. 287 - 288.

Kägi, Werner: Die Verfassung als rechtliche Grundordnung des Staates. Untersuchungen über die Entwicklungstendenzen im modernen Verfassungsrecht, Zürich 1945.

Kaltefleiter, Werner: Die Funktionen des Staatsoberhauptes in der parlamentarischen Demokratie, Köln/Opladen 1970 (Demokratie und Frieden, Band 9).

Kaltenbrunner, G. K. (Hg.): Der überforderte schwache Staat. Sind wir noch regierbar?, Freiburg 1975.

Kern, Ernst: Bundestag und Bundesregierung, in: MDR 1950, S. 655 - 657.

Kielmansegg, Peter Graf: Nachdenken über die Demokratie. Aufsätze aus einem unruhigen Jahrzehnt, Stuttgart 1980.

Kissler, Leo: Der Deutsche Bundestag. Eine verfassungssystematische, verfassungsrechtliche und verfassungsinstitutionelle Untersuchung, in: JöR 26 (1977), S. 39 - 144.

Kleinertz, Günther: Die Stellung des Bundeskanzlers nach dem Bonner Grundgesetz. Eine staatsrechtliche Studie, Diss. jur., Heidelberg 1952.

Klemmert, Oskar: Die Bildung und Veränderung der Bundesregierung nach dem Bonner Grundgesetz, Diss. jur., Würzburg 1952.

Knies, Wolfgang: Diskontinuität des Parlaments — Kontinuität der Regierung?, in: JuS 1975, S. 420 - 427.

Köppler, Rudolf: Die Mitwirkung bei der politischen Willensbildung des Volkes als Vorrecht der Parteien. Ein Beitrag zur Auslegung des Art. 21 Abs. 1 Satz 1 GG, Diss. jur., München 1974.

Kremer, Klemens (Hg.): Parlamentsauflösung. Praxis, Theorie, Ausblick, Köln usw. 1974.

Kretschmer, Gerald: Wege zur Parlamentsauflösung nach deutschem Bundes- und Landesrecht, in: Parlamentsauflösung. Praxis — Theorie — Ausblick. Herausgegeben von Klemens Kremer, Köln usw. 1974, S. 1 - 10.

Kröger, Klaus: Die Ministerverantwortlichkeit in der Verfassungsordnung der Bundesrepublik Deuschland, Frankfurt a. M. 1972 (Gießener Beiträge zur Rechtswissenschaft. Hrsg. von der Rechtswiss. Abt. der Rechts- und Wirtschaftswissenschaftl. Fakultät der Univ. Gießen).

Küchenhoff, Erich: Mißtrauensantrag und Vertrauensfrage-Ersuchen. Zwei zulässige Mittel parlamentarischer Regierungskontrolle mit unterschiedlichen Funktionen, in: DÖV 1967, S. 116 - 124.

Kunert, Franz-Josef: Das Grundgesetz im Parlamentarischen Rat, in: JuS 1979, S. 322 - 327.

Lange, Rolf / Gerhard *Richter*: Erste vorzeitige Auflösung des Bundestages. Stationen vom konstruktiven Mißtrauensvotum bis zur Vereidigung der zweiten Regierung Brandt/Scheel, in: ZParl 4 (1973), S. 38 - 75.

Laubach, Ernst: Die Politik der Kabinette Wirth 1921/22, Diss. phil., Marburg 1966, Lübeck/Hamburg 1968 (Historische Studien, Heft 402).

Lehner, Franz: Grenzen des Regierens. Eine Studie zur Regierungsproblematik hochindustrialisierter Demokratien, Königstein/Ts. 1979 (Sozialwissenschaftliches Forum, Band 5).

— Regierbarkeit — Krise der Politik oder der Politischen Wissenschaft?, in: PVS 21 (1980), S. 296 - 302.

Leicht, Robert: Mißtrauensvotum und Vertrauensfrage — eine konstruktive Alternative, in: ZRP 1972, S. 204 - 206.

— Grundgesetz und politische Praxis. Parlamentarismus in der Bundesrepublik, München 1974.

Leisner, Walter: Demokratie. Selbstzerstörung einer Staatsform? Berlin 1979.

Lenk, Kurt: Wie demokratisch ist der Parlamentarismus? (1972), 2. Auflage, Stuttgart usw. 1974 (Urban-Taschenbücher, Reihe 80, Band 824).

Leschmann, Wolf: Die Staatsorganisation des Grundgesetzes — Parlamentarisches System und Volkssouveränität, in: Udo Mayer und Gerhard Stuby (Hg.), Die Entstehung des Grundgesetzes. Beiträge und Dokumente, Köln 1976, S. 197 - 225.

Lippert, Michael R.: Bestellung und Abberufung der Regierungschefs und ihre funktionale Bedeutung für das parlamentarische Regierungssystem. Entwickelt am Beispiel des deutschen Bundeskanzlers und des britischen Premierministers, Berlin 1973 (Schriften zum öffentlichen Recht, Band 225).

Loewenberg, Gerhard: Parlamentarismus im politischen System der Bundesrepublik Deutschland, Tübingen 1969.

Loewenstein, Karl: Verfassungslehre (1959, Political power and the governmental process), 3. Auflage, unveränderter Nachdruck der 2. Auflage, Tübingen 1975.

Lohmar, Ulrich: Innerparteiliche Demokratie, Stuttgart 1963.

Luther, Hans: Weimar und Bonn. Zwei Vorträge vor der Hochschule für Politische Wissenschaften am 17. 1. und 24. 1. 1951, München 1951 (Schriftenreihe der Hochschule für Politische Wissenschaften, Heft 11).

— Politiker ohne Partei. Erinnerungen, Stuttgart 1960.

Lutz, Rudolf: Die Geschäftsregierung nach dem Grundgesetz, Berlin 1969 (Schriften zum öffentlichen Recht, Band 97).

Magiera, Siegfried: Parlament und Staatsleitung in der Verfassungsordnung des Grundgesetzes. Eine Untersuchung zu den Grundlagen der Stellung und Aufgaben des Deutschen Bundestages, Berlin 1979 (Veröffentlichungen des Instituts für Internationales Recht Kiel, 81).

Mangoldt, Hermann von: Die Auflösung des Bundestages, in: DÖV 1950, S. 697 - 699.

— Das Verhältnis von Regierung und Parlament, in: Deutsche Landesreferate zum 3. Internationalen Kongreß für Rechtsvergleichung in London 1950, Berlin 1950, S. 819 - 833.

— Das Bonner Grundgesetz, Berlin/Frankfurt a. M. 1953.

— Das Bonner Grundgesetz. 2., neubearbeitete Auflage von Friedrich Klein, 2 Bände, Berlin/Frankfurt a. M., 1957 ff.

Matthias, Erich: Zur Geschichte der Weimarer Republik. Ein Literaturbericht, in: Die Neue Gesellschaft 3 (1956), S. 312 - 320.

Maunz, Theodor / Günther *Dürig*: Grundgesetz. Kommentar (1958), 5. Auflage, München 1978 (18. Lieferung 1980).

Meyer, Hans: Das parlamentarische Regierungssystem des Grundgesetzes. Anlage — Erfahrungen — Zukunftseignung (Mitbericht), Veröffentlichungen der Vereinigung der Deutschen Staatsrechtlehrer, Heft 33, Berlin/New York 1975, S. 69 - 119.

— Schlußwort, in: Veröffentlichungen der Vereinigung der Deutschen Staatsrechtlehrer, Heft 33, Berlin/New York 1975, S. 173 - 178.

Mißbilligungsvoten gegen Bundesminister (Glosse — U. M.), in: AöR N. F. 37 (1950/51), S. 338 - 342.

Mommsen, Wolfgang J.: Max Weber und die deutsche Politik 1890 - 1920 (1959), 2. Auflage, Tübingen 1974.

Monz, Heinz: Die parlamentarische Verantwortlichkeit im deutschen Staatsrecht einst und heute, Göttingen 1965.

Müller, Martin: Das konstruktive Mißtrauensvotum. Chronik und Anmerkungen zum ersten Anwendungsfall des Art. 67 GG, in: ZParl 3 (1972), S. 275 - 291.

Müller, Trudpert: Der Rücktritt der Regierung und die Rechtsstellung der Regierung nach der Rücktrittserklärung. Eine vergleichende Betrachtung parlamentarischer Verfassungen, Diss. jur., Freiburg 1951.

Münch, Fritz: Die Bundesregierung, Frankfurt a. M. 1954 (Völkerrecht und Politik, Band 2).

Münch, Ingo von: Grundgesetz-Kommentar. Band 2 (Artikel 21 bis Artikel 69), München 1976.

— Grundgesetz-Kommentar. Band 3 (Artikel 70 bis Artikel 146 und Gesamtregister), München 1978.

Neumann, Sigmund: Die Parteien der Weimarer Republik (Die politischen Parteien in Deutschland, 1932). Mit einer Einführung von Karl Dietrich Bracher, 3. Auflage, Stuttgart usw. 1973.

Newman, Karl J.: Multikausale und interdependente Faktoren des Weimarer Verfalls und des totalitären Sieges, in: Staat, Wirtschaft und Politik in der Weimarer Republik. Festschrift für Heinrich Brünning. Herausgegeben von Ferdinand A. Hermens und Theodor Schieder, Berlin 1967, S. 431 - 447.

Niclauß, Karlheinz: Demokratiegründung in Westdeutschland: Die Entstehung der Bundesrepublik 1945 - 1949, München 1974.

Nierhaus, Michael: Verfassungsrechtliche Probleme des Kanzlerrücktritts, in: JR 1975, S. 265 - 272.

Noack, Paul: Ist die Demokratie noch regierbar? Krisenkräfte im demokratischen System, München 1980.

Obermaier, Max: Die schlichten Parlamentsbeschlüsse nach dem Bonner Grundgesetz, insbesondere ihre Zulässigkeit und Rechtsnatur, Diss. jur., München 1965.

Oberreuter, Heinrich: Kann der Parlamentarismus überleben? Bund — Länder — Europa, Zürich 1977 (Texte und Thesen 93 = Sachgebiet Politik).

Offe, Claus: „Unregierbarkeit". Zur Renaissance konservativer Krisentheorien, in: Stichworte zur ‚Geistigen Situation der Zeit'. Herausgegeben von Jürgen Habermas. 1. Band: Nation und Republik, Frankfurt a. M. 1979, S. 294 - 318.

Otto, Volker: Das Staatsverständnis des Parlamentarischen Rates. Ein Beitrag zur Entstehungsgeschichte des Grundgesetzes für die Bundesrepublik Deutschland, Düsseldorf 1971 (Beiträge zur Geschichte des Parlamentarismus und der politischen Parteien, Band 42).

Partsch, Karl Josef: Parlament und Regierung im modernen Staat (Mitbericht), Veröffentlichungen der Vereinigung der Deutschen Staatsrechtslehrer, Heft 16, Berlin 1958, S. 74 - 112.

Pietzner, Rainer: Grundgedanken, Entwicklung und Gegenwartsprobleme des parlamentarischen Regierungssystems in Deutschland, in: JA 1972, S. 453 - 464.

Pilz, Roland: Das Mißtrauensvotum als Institution des parlamentarischen Regierungssystems, in: Gesellschaft — Staat — Erziehung 1968, S. 317 bis 320.

Poetzsch-Heffter, Fritz: Vom Staatsleben unter der Weimarer Verfassung. II. Teil (Vom 1. Januar 1925 bis 31. Dezember 1928), in: JöR XVII (1929), S. 1 - 112.

Poetzsch-Heffter, Fritz, in Zusammenarbeit mit Carl-Hermann *Ule* u. a.: Vom Staatsleben unter der Weimarer Verfassung. III. (letzter) Teil (vom 1. Januar 1929 bis 31. Januar 1933), in: JöR XXI (1933/34), S. 1 - 204.

Pokorni, Norbert: Die Auflösung des Parlaments, Diss. jur., Bonn 1967.

Radbruch, Gustav: Die politischen Parteien im System des deutschen Verfassungsrechts, in: Handbuch des Deutschen Staatsrechts, herausgegeben von Gerhard Anschütz und Richard Thoma, Erster Band, Tübingen 1930 (Das öffentliche Recht der Gegenwart, Band 28), S. 285 - 294.

Rausch, Heinz: Bundestag und Bundesregierung. Eine Institutionenkunde, 4. Auflage, München 1976 (Beck'sche Elementarbücher).

Rauschning, Dietrich: Das parlamentarische Regierungssystem des Grundgesetzes in der Rechtsprechung des Bundesverfassungsgerichts, in: Bundesverfassungsgericht und Grundgesetz. Festgabe aus Anlaß des 25jährigen Bestehens des Bundesverfassungsgerichts, herausgegeben von Chritian Starck, Zweiter Band: Verfassungsauslegung, Tübingen 1976, S. 214 - 232.

Zur Regierbarkeit der parlamentarischen Demokratie. Ein Cappenberger Gespräch. Referate von *Josef Isensee* und *Hans Meyer*, Köln 1979 (Cappenberger Gespräche der Freiherr-vom-Stein-Gesellschaft, Band 14).

Rehn, Erich: Das Mißtrauensvotum nach dem Grundgesetz der Bundesrepublik Deutschland, Diss. jur., Marburg 1954.

Ridder, Helmut: Die soziale Ordnung des Grundgesetzes. Leitfaden zu den Grundrechten einer demokratischen Verfassung, Opladen 1975 (Auch abgedruckt in Josef Mück (Hg.), Verfassungsrecht, Opladen 1975, S. 85 - 285).

Röttger, Heinrich-Eckhart: Nochmals: Konstruktives Mißtrauensvotum gegen den geschäftsführenden Bundeskanzler?, in: JuS 1975, S. 358 - 360.

Rohrlapper, Rolf: Das konstruktive Mißtrauensvotum. Der Modus der Regierungsbildung in der Weimarer Verfassung und im Grundgesetz, Diss. jur., Kiel 1953.

Rothenbücher, Karl: Der Kampf um Artikel 54 der deutschen Reichsverfassung, in: ZöR 7 (1928), S. 329 - 341.

Rupp, Hans Karl: Politische Geschichte der Bundesrepublik Deutschland. Entstehung und Entwicklung. Eine Einführung, Stuttgart usw. 1978.

Schätzel, Walter: Das Vertrauensvotum, in: Die neue Verwaltung 2 (1949), S. 21.

Schambeck, Herbert: Die Ministerverantwortlichkeit, Karlsruhe 1971 (Juristische Studiengesellschaft Karlsruhe, 101).

Schelcher, Walter: Zur Reform der Reichsverfassung, Leipzig 1928.

Scheuner, Ulrich: Das parlamentarische Regierungssystem in der Bundesrepublik Deutschland. Probleme und Entwicklungslinien, in: DÖV 1957, S. 633 - 638.

— Die Lage des parlamentarischen Regierungssystems in der Bundesrepublik, in: DÖV 1974, S. 433 - 441.

— Diskussionsbeitrag, in: Veröffentlichungen der Vereinigung der Deutschen Staatsrechtslehrer, Heft 33, Berlin/New York 1975, S. 121 - 123.

— Die Funktion der Verfassung für den Bestand der politischen Ordnung, in: Regierbarkeit. Studien zu ihrer Problematisierung. Herausgegeben von Wilhelm Hennis, Peter Graf Kielmansegg, Ulrich Matz, Band 2, Stuttgart 1979, S. 102 - 138.

Schiffer, Eugen: Das politische Parlament und die Regierung, in: Volk und Reich der Deutschen. Vorlesungen gehalten in der Deutschen Vereinigung für Staatswissenschaftliche Fortbildung. Herausgegeben von Bernhard Harms, Band 2. Berlin 1929, S. 301 - 327.

Schinkel, Harald: Entstehung und Zufall der Regierung Luther, Diss. phil., Berlin 1959.

Schmid, Richard: Unser aller Grundgesetz? Praxis und Kritik, Frankfurt a. M. 1971.

Schmidt-Bleibtreu, Bruno / Franz *Klein*: Kommentar zum Grundgesetz (1967), 5. Auflage, Neuwied/Darmstadt 1980.

Schmitt, Carl: Verfassungslehre, 3. Auflage, Berlin 1928 (Unveränderter Neudruck 1954).

— Die geistesgeschichtliche Lage des heutigen Parlamentarismus (1923), 3. Auflage, Berlin 1961 (Wissenschaftliche Abhandlungen und Reden zur Philosophie, Politik und Geistesgeschichte. H. 1).

Schneider, Hans: Kabinettsfrage und Gesetzgebungsnotstand nach dem Bonner Grundgesetz (Mitbericht), Veröffentlichungen der Vereinigung der Deutschen Staatsrechtslehrer, Heft 8, Berlin 1950, S. 21 - 54.

— Die Regierungsbildung nach dem Bonner Grundgesetz in: NJW 1953, S. 1330 - 1333.

Schneider, Hans-Peter: Die vereinbarte Parlamentsauflösung. Zur Funktion des Art. 68 GG im parlamentarischen Regierungssystem, in: JZ 1973, S. 652 - 656.

— Die parlamentarische Opposition im Verfassungsrecht der Bundesrepublik Deutschland, Band 1, Grundlagen, Frankfurt a. M. 1974.

— Entscheidungsdefizite der Parlamente. Über die Notwendigkeit einer Wiederbelebung der Parlamentsreform, in: AöR 105 (1980), S. 4 - 34.

Schulz, Gerhard: Zwischen Demokratie und Diktatur, Verfassungspolitik und Reichsreform in der Weimarer Republik. Band I: Die Periode der Konsolidierung und der Revision des Bismarckschen Reichsaufbaus 1919 bis 1930, Berlin 1963.

Schulze, Hagen: Das Scheitern der Weimarer Republik als Problem der Forschung, in: Karl Dietrich Erdmann / Hagen Schulze (Hg.), Weimar. Selbstpreisgabe einer Demokratie. Eine Bilanz heute, Düsseldorf 1980, S. 23 - 41.

Schunck, Egon: Das Mißtrauensvotum, in: Staats- und Kommunalverwaltung 1966, S. 316 - 317.

Schwarz-Liebermann von Wahlendorf, Hans Albrecht: Verantwortung der Exekutive und demokratische Kontrolle, Bonn 1974.

Schwickert, Reinhard / Michael *Wolffsohn*: Das Weimarer und das Bonner Parteiensystem: Vergleich und Modellkonstruktion, in: ZParl 9 (1978), S. 534 - 555.

Seifert, Karl-Heinz: Die politischen Parteien im Recht der Bundesrepublik Deutschland, Köln usw. 1975.

Sellmann, Klaus-Albrecht: Der schlichte Parlamentsbeschluß. Eine Studie zum Parlamentsakt außerhalb des Gesetzgebungsverfahrens. Dargestellt an Beschlüssen des Bundestages und des Bayerischen Landtages, Berlin 1966 (Schriften zum Öffentlichen Recht, Band 29).

Sontheimer, Kurt: Ist unsere Demokratie überfordert?, in: Aus Politik und Zeitgeschichte. Beilage zur Wochenzeitung Das Parlament Nr. 50/1977, S. 3 - 12.

— Der Parlamentarismus und seine Veränderung in der heutigen Gesellschaft — in der Sicht der Politikwissenschaft, in: Universitas 35 (1980), S. 449 - 456.

Steiger, Heinhard: Organisatorische Grundlagen des parlamentarischen Regierungssystems, Berlin 1973 (Schriften zum öffentlichen Recht, Band 207).

Steinbrenner, Arnold: Grundgesetz und Regierungsbildung, Diss. jur., Heidelberg 1952.

Stern, Klaus: Das Staatsrecht der Bundesrepublik Deutschland. Band I: Grundbegriffe und Grundlagen des Staatsrechts, Strukturprinzipien der Verfassung, München 1977.

— Der Gesetzgebungsnotstand — Eine vergessene Verfassungsnorm, in: Politik als gelebte Verfassung. Aktuelle Probleme des modernen Verfassungsstaates. Festschrift für Friedrich Schäfer. Herausgegeben von Jürgen Jekewitz u. a., Opladen 1980, S. 129 - 146.

Stresemann, Gustav: Vermächtnis. Der Nachlaß in drei Bänden, Berlin 1932.

Stürmer, Michael: Koalition und Opposition in der Weimarer Republik 1924 bis 1928, Düsseldorf 1967 (Beiträge zur Geschichte des Parlamentarismus und der politischen Parteien, Band 36).

Thaysen, Uwe: Parlamentarisches Regierungssystem in der Bundesrepublik Deutschland. Daten, Fakten und Urteile für einen Überblick, Stuttgart 1976 (UTB 575).

Thoma, Richard: Die rechtliche Ordnung des parlamentarischen Regierungssystems, in: Handbuch des Deutschen Staatsrechts, herausgegeben von Gerhard Anschütz und Richard Thoma. Erster Band, Tübingen 1930 (Das öffentliche Recht der Gegenwart, Band 28), S. 503 - 511.

— Das Staatsrecht des Reiches, in: Handbuch des deutschen Staatsrechts, herausgegeben von Gerhard Anschütz und Richard Thoma. Erster Band, Tübingen 1930 (Das öffentliche Recht der Gegenwart, Band 28), S. 69 - 80.

Timm, Helga: Die deutsche Sozialpolitik und der Bruch der großen Koalition im März 1930, Düsseldorf 1952 (Beiträge zur Geschichte des Parlamentarismus und der politischen Parteien, Heft 1).

Trautmann, Helmut: Innerparteiliche Demokratie im Parteienstaat, Berlin 1975 (Schriften zum Öffentlichen Recht, Band 282).

Triepel, Heinrich: Die Staatsverfassung und die politischen Parteien, Berlin 1928 (Öffentlich-rechtliche Abhandlungen, 10).

Trossmann, Hans: Parlamentsrecht des Deutschen Bundestages. Kommentar zur Geschäftsordnung des Deutschen Bundestages unter Berücksichtigung des Verfassungsrechts, München 1977.

Unruh, Georg-Christoph von: Die Stellung des „Staatsoberhauptes" im deutschen Verfassungsrecht, in: Verwaltungsrundschau 1980, S. 217 - 221.

Veen, Hans-Joachim: Das Verhältnis zwischen Parlament und Regierung, in: JA 1975, S. 109 - 112.

Weber, Max: Deutschlands künftige Staatsform (1918), in: derselbe, Gesammelte politische Schriften (1958), 3. Auflage, Tübingen 1971, S. 448 - 483.

— Der Reichspräsident (1919), in: derselbe, Gesammelte politische Schriften (1958), 3. Auflage, Tübingen 1971, S. 498 - 501.

Weber, Werner: Spannungen und Kräfte im westdeutschen Verfassungssystem (1951), 3. Auflage, Berlin 1970.

Weimar als Erfahrung und Argument. Ansprachen und Referate anläßlich der Feier des 25jährigen Bestehens der Kommission für Geschichte des Parlamentarismus und der politischen Parteien, Bonn-Bad Godesberg 1977.

Weis, Hubert: Regierungswechsel in den Bundesländern. Verfassungspraxis und geltendes Recht, Berlin 1980 (Schriften zum Öffentlichen Recht, Band 371).

Widder, Helmut: Organisationsprobleme im parlamentarischen Regierungssystem. Zur Frage der Funktionsfähigkeit parlamentarischer Kollegien, Salzburg/München 1977.

— Parlamentarische Strukturen im politischen System. Zu Grundlagen und Grundfragen des österreichischen Regierungssystems, Berlin/München 1979 (Beiträge zur Politischen Wissenschaft. Band 32).